青少年
心理素质培训

本书编写组◎编

QING
SHAONIAN
XINLI SUZHI
PEIXUN

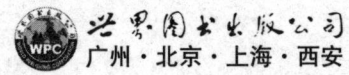

世界图书出版公司
广州·北京·上海·西安

图书在版编目（CIP）数据

青少年心理素质培训/《青少年心理素质培训》编
写组编 . —广州：世界图书出版广东有限公司，2010. 11（2024.2 重印）
ISBN 978 - 7 - 5100 - 3020 - 8

Ⅰ . ①青… Ⅱ . ①青… Ⅲ . ①青少年 - 心理卫生 - 健
康教育 Ⅳ . ①G479

中国版本图书馆 CIP 数据核字（2010）第 217483 号

书　　名	青少年心理素质培训	
	QINGSHAONIAN XINLI SUZHI PEIXUN	
编　　者	《青少年心理素质培训》编写组	
责任编辑	张梦婕	
装帧设计	三棵树设计工作组	
出版发行	世界图书出版有限公司　世界图书出版广东有限公司	
地　　址	广州市海珠区新港西路大江冲 25 号	
邮　　编	510300	
电　　话	020-84452179	
网　　址	http://www.gdst.com.cn	
邮　　箱	wpc_gdst@163.com	
经　　销	新华书店	
印　　刷	唐山富达印务有限公司	
开　　本	787mm × 1092mm　1/16	
印　　张	10	
字　　数	120 千字	
版　　次	2010 年 11 月第 1 版　2024 年 2 月第 10 次印刷	
国际书号	ISBN　978-7-5100-3020-8	
定　　价	48.00 元	

前　言

　　健康不仅是身体上没有疾病，而且还包括体格、心理和社会适应能力的全面发展，这是世界卫生组织提出的健康标准。随着社会的高速发展，生活节奏的日益加快，以及商品生产带来的激烈竞争，人们面临巨大的心理压力。学生作为一个特殊社会群体，必将面临着学习环境的适应、理想与现实的冲突，以及人际关系、生理成熟与心理不成熟的矛盾问题，等等。因此，对学生加强心理卫生教育，使他们避免或者消除由上述种种心理问题或压力可能造成的家庭、社会问题，显然有很重要的意义。

　　每个处于青春期的孩子，都会因其所处的成长环境，形成不同的个性，碰到不同的心理问题。青少年朋友想要健康、阳光地度过最美好的青春时代，就要时刻关注自己的心理素质培训。而要做好心理素质培训，则要了解一些心理问题、心理防卫机制、心理治疗方法等。《青少年心理素质培训》一书，就从以上几个角度，为青少年朋友打开一扇了解自己心理状况的窗口。此外，本书还为青少年朋友介绍了一些关于趣味心理的知识，如具有使用价值的心理战术、具有趣味性的心理故事以及帮助青少年朋友了解心理状态的心理测试题目。

　　希望本书可以为青少年朋友在最好的花季雨季，带来明媚的阳光，赶走阴暗的乌云。

目 录
Contents

心理测试题目

从心理看成长

什么是心理学

每个人都有各自不同的心理活动，每一种心理活动都会对不同的人产生不一样的影响。在看似复杂的心理活动面前，人们总是感觉困惑，又很无奈。于是，有人开始专门研究人们的心理，就这样有了心理学的存在。

那么，心理学究竟是研究什么的呢？人的心理活动究竟是怎么回事呢？

心理学是研究人的心理活动发生发展规律的科学。

人有哪些心理活动呢？人的心理活动是很复杂的，是多种多样的。现在一般认为，人的心理活动可分为心理过程和个性心理两个方面。

心理过程是指人的心理活动的过程，就像吃饭这种活动，从开始吃到吃完要有一个过程一样。最基本的心理过程是认识过程。我们能看到黑板的黑色、听到上下课铃的响声、手摸到桌面的凉意、闻到校园里各种花卉的香味、尝到糖的甜味等，这些通过眼看、耳听、手摸、鼻闻、舌尝等途径来认识事物的颜色、软硬、冷热、气味、味道等个别特性，这就是最简单的心理活动，即感觉。我们在看黑

板黑色的同时，又看到它的大小、形状和空间的位置等，这时我们认识的不是黑板的个别特性，而是对在我们面前的这块黑板的整体的认识，这就是知觉。我们一般很难觉察到单纯的感觉，因此有人认为，我们认识事物是从知觉开始的，或统称为从感知开始的。凡是我们感知过的事物，在头脑中还会留下形象。例如，当你春游颐和园后，万寿山的亭台楼阁、昆明湖的游船、长廊的彩画、十七孔桥的雄姿仿佛还历历在目。这就是记忆，记忆这一认识过程是大家十分熟悉的。我们在学习时，总希望把学过的语文中的词汇，数理化中的定义、概念、计算公式，外语的单词和语法等牢牢地记在头脑中，只有这样在写作业或考试的时候才能顺利地回忆起所需要的知识。有些事物的特性，人无法直接感知，只能运用已有的知识或感知到的事物经过分析、综合、归纳、推理得出科学的结论。例如，我们不能看到光的速度是 30 万千米/秒，但可能通过推算认识到，其他像李四光的地质力学、爱因斯坦的"相对论"、牛顿的"万有引力定律"等这些科学的论断都是这样得来的。就是在人们的日常生活中也是这样。看

到燕子低飞，蚂蚁出洞，阴云密布，可以推知"天要下雨了"，这个认识过程就是思维。明代作家吴承恩在他的名著《西游记》中塑造了孙悟空、猪八戒和无数仙妖的形象，鲁迅先生在他的著作中，塑造了阿Q、祥林嫂、闰土等形象。这些形象并不是真有其人的，是作者运用曾经看到过的许多人物和动物形象加工创造出来的，这个创造过程就是想象。你在上课时专心致志地听老师讲课，或聚精会神地在读书时，对周围发生的事则"视而不见"、"听而不闻"，这就是注意。在这里人们通过感觉、知觉、记忆、思维、想象和注意等来认识客观事物，心理学把这些叫认识过程。

人不是冷漠地认识客观事物，而是在认识客观事物的同时会要表现这样那样的态度。例如，听课时，对老师的讲课，满意，还是不满意？对公共场合发生的纠纷是同情、厌恶、恐惧，还是愤怒？这些都表现为一个人对客观事物或事件的态度或内心体验，这种心理活动被称为情感过程。

人不仅认识客观事物，产生情感，而且还要采取行动去适应和改造外界环境。要改造客观事物就必须提出目标，制订计划，克服种种困难，执行计划，达到目标。教师要教好学生，不断提高教学质量，就要克服困难努力奋斗。学生要德、智、体、美、劳全面发展，并取得好成绩，考

上理想的学校，同样需要克服困难，为达到目的而努力奋斗。没有克服困难的勇气和努力，就不能完成任何任务，就无法达到预定的目的。这种为达到预定目的克服困难的内心活动叫意志过程。

认识过程、情感过程和意志过程，简称为知、情、意，总称为心理过程。知、情、意三者虽然彼此有区别，但密不可分，它们是统一的心理过程的三个不同方面，是彼此制约，相互联系的。情感和意志伴随认识而产生，又制约着认识过程。

"人心不同，各如其面。"由于各人的先天因素不同，生活条件和环境不同，所受的教育影响不同和所从事的实践活动不同，人与人之间在心理面貌上也是互不相同的。有的学生数学学得好，有的学生写作能力强，有的学生则擅长组织，这是在能力上的差异。在性情方面，有人活泼，有人沉静；有人暴躁，有人安详；有人急性子，有人慢性子；等等。这表现了人们不同的气质。在对人对事和对自己的态度作风方面，有人表现为谨慎、朴实、谦虚、勤劳和勇敢，有的则表现为懒惰、骄傲、自满、虚伪、自卑、胆怯，等等。这些不同的特点，是人们在性格上的差异。能力、气质和性格是个性心理特征，是个性心理的一个方面。另外，还有需要、兴趣、动机、信念、世界观等方面每个人也是各不相同的。例如，一个人最希望得到什么，认为什么东西

最有价值，最宝贵，这些都叫个性倾向性。

心理过程和个性心理是构成人的心理活动的两大方面，二者是相互联系，相互依存的。个性心理是通过心理过程形成和发展起来的，有了对客观事物的认识，产生了情感，才有可能对它发生兴趣，并为满足需要去行动。如果对一件事情一无所知，就不可能对它发生兴趣，也不会产生需要和相应的行动。同样，已形成的个性对心理过程也起制约作用。例如，信念和世界观形成后，影响一个人的认识方向、情感内容和意志表现；能力和兴趣不同的人，对客观事物认识的水平也不会相同；气质、性格不同的人，会有不同的情感表达方式。

心理学是一门既古老又年轻的科学。正如德国心理学家艾宾浩斯讲的："心理学虽有一个长远的过去，但只有一段短暂的现在。"说它古老，是因为心理学具有跟哲学同样的悠久历史。我国先秦诸子的《心性说》，古希腊哲学家亚里斯多德的《论灵魂》，都是心理学思想的早期论述，它被包括在哲学里面。说它年轻，是因为心理学从哲学中分离出来，成为一门独立的学科，才有一百多年的历史。1879 年，德国心理学家冯特在德国的莱比锡大学建立了世界上第一个心理学实验室，这是心理学独立出来的标志。

心理是脑的机能

"用心学习"，这是教师教育学生，家长教育孩子的一句口头语。意思是说要集中注意，努力学习。大家觉得"用心学习"的这种说法对吗？依照这句话的意思，人们用"心"，即心脏来进行学习，也就是说，心脏是人们学习的器官，人的心理活动由心脏产生。其实这是错误的，学习不是用"心"，而是用脑。脑是心理的器官，人的心理是脑的机能，而心脏则是血液循环的器官，它不能产生人的心理，当然用"心"学习的说法也就不准确了。

那么，为什么会形成"用心学习"的这种说法呢？古时候，由于科学水平低下，人们并不懂得心理是脑的机能。因为人们在各种不同的状态下，能清楚地感觉到自己心脏活动的差异。例如，紧张时、激动时心跳加快，感觉不到脑活动的差异。所以，人曾经把心脏误认为是人的心理活动的器官，认为心理是心脏的器官。例如，我国古代哲学家孟子就认为思维的器官是心脏，他说："耳目之官不思，而蔽于物。物交物，则引之而唉，心之官则思，思则得之，不思则不得也。"意思是说，耳朵眼睛之类的器官不会思考，故为外物所蒙蔽，人一与外物相接触，便被引向迷途了。心这个器官的职能在于思考，思考则得到，不思考则得不到。很明显孟子把心误认为是人的心理的器官。这样在汉字中就有许多由"心"（忄）旁组成的字。例如，思、想、恩、感、情、恨、忆……也有"胸有成竹"、"心中有数"、"计上心来"、"心明眼亮"、"心有灵犀一点通"等这类词语的产生，并一直沿用到今天。古希腊哲学家亚里斯多德也认为思维和感觉的器官是心脏，而脑的工作只在于使出自心脏的血液冷静一点而已。其实人不是用"心"思考问题，而是用脑想问题，心理不是心脏的机能，而是脑的机能。

随着社会的进步，科学的发展，实践经验的积累，人们逐步认识到了人的心理活动和脑的关系。例如，人在睡眠和麻醉时，心脏的活动没有异常，而人的精神状态则大不相同；当人脑受到损伤时，人的心脏活动正常，可心理活动出现了严重的障碍，有的丧失记忆，有的思维混乱，有的感觉失灵等。早在我国古代的医书中就有"头者精神之府"、"脑为元神之府"的记载，可见，那时已有人认识到心理现象、精神现象是脑的产物。

现代医学的发展，进一步科学地证明了脑是心理的器官，心理是脑的机能。临床发现，绝大多数用右手劳动的成人，如果大脑左半球中央回底部受到损伤时，病人能看懂文字，也能听懂别人的说话，但自己不会讲话。虽然发音器官是正常的，却不能口头上用"词"来表达自己的思想。如果损伤了大脑颞叶部的颞上回后部，病人能说话，也能看懂和书写字，就是听不懂别人讲话的意思。所有这些都证明了脑是心理的器官，心理是脑的机能，"无头脑的思维"是不存在的。对这一结论，经典作家都有精辟的论断。恩格斯说："我们的意识和思维，不论看起来是多么超感觉的，总是物质的，肉体的器官即人脑的产物。"

你是否想知道自己的心理活动是如何产生的呢？这必须先了解人的神经系统。

神经系统包括中枢神经系统和周围神经系统两大部分。中枢神经系统包括脑和脊髓。

脑由大脑、小脑、间脑和脑干等组成。其中大脑是最主要的部分，是中枢神经系统的最高部位，是产生心理活动的主要器官。人的大脑是一块非常复杂的物质，它就像胡桃仁一样藏在脑壳内，它分左右两半球，故也叫大脑两半球。人的平均脑重约为1400克，就是不足1.5千克。脑的表面积是灰质的，称为大脑皮层，这是神经细胞集中的地方。据生理学家研究，在人的大脑皮层上大约有140亿个神经细胞。大脑皮层的表面积有无数皱折，使皮层的面积得以扩大，这些皱折展开来约有2200平方厘米，就像一张小报那样大。皱折凸起的部分叫回，凹进的部分叫沟，凸起裸露面积约370平方厘米。

大脑皮层是中枢神经的最高部位，是高级中枢。各种感受器和身体各部位的运动，分别由大脑皮层的一定部位来管理，这个部位叫机能区，也叫中枢区。也就是说，大脑皮层有机能定位，分管各感受器和身体一定部位的运动。主要的机能区有视觉中枢、听觉中枢、躯体感觉中枢、躯体运动中枢、语言中枢等。

脊髓是延脑（脑干的一部分）的延长部分，是中枢神经系统的低级部位，它的功能是简单的反射中枢。例如，排泄、防御等简单的心理活动在这里产生。

周围神经系统包括 12 对脑神经、31 对脊神经和植物性神经，分布全身，把脑和脊髓与身体各个组织和器官联系起来。我们身体内的神经系统就像网络那样密布身体的各个角落，又像电话线那样通向"司令部"——大脑。

中枢神经系统和周围神经系统是密不可分的，周围神经系统受中枢神经系统的指挥；中枢神经系统依靠周围神经系统接受和传递信号，二者就像电话系统中的总机和分机的关系。

一切心理活动按其产生的方式来说都是神经系统的反射。反射是神经系统最基本的活动方式，这是指有机体通过神经系统对外部和内部刺激的规律性回答。例如，小孩饿了渴了就要哭，这就是一种反射，叫食物反射，是对来自内部刺激的反映；人从暗处走出来，接触到阳光时很不适应，人会自动地闭一会眼睛，这也是一种反射，叫防御反射，是对来自外部刺激的反映。

反射所经过的神经通路叫反射弧，这是反射活动的生理基础。反射弧由感受器（感觉器官）、传入神经、中枢神经、传出神经和效应器五大部分组成。当感受器接受刺激后，把神经冲动（信号）由传入神经传送到中枢神经，在这里产生心理活动，再由传出神经传送给效应器，产生回答性反映。这就是反射活动的全过程。

学生回答教师的提问就是一个反射的全过程。当教师提出问题时，这就是来自外部的刺激，学生的听觉器官接受了这个刺激（信号），由传入神经把这个刺激即教师提问的内容传送到中枢神经，经过大脑的分析、综合，即经过认真的思考，得出了问题的答案，再由传出神经把问题答案回传给效应器，回答老师提出的问题。这一过程中，在头脑中进行的分析、综合、判断、推理等活动，就是心理活动。

人的心理活动就是这样通过神经系统的反射活动，在中枢神经系统，主要是在大脑产生。所以，心理活动是脑的机能，脑是心理的器官。而"用心学习"之类的说法已成错误的习惯沿用到现在。

条件反射的形成

在观众的热烈掌声中，身着花衣服的猴子在舞台上表演车技、翻跟斗、走钢丝等精彩的节目。特别是在电视片《动物王国失窃案》中，猴探长在侦破发电站金轴失窃案和在追捕盗窃分子时，表现得如此"聪明"、"机智"和"勇敢"，这是为什么呢？是不是猴子有人一样的语言和思维，能动脑子思考问题？回答是否定的。猴子和其他动物表演节目，这是驯兽员根据动物高级神经活动条件反射的原理长期训练的结果。

反射是多种多样的，有简单的，也有复杂的，有先天就会的，也有后天获得的。苏联伟大的生理学家巴甫洛夫对大脑两半球高级神经活动规律的研究表明，反射一般分无条件反射和条件反射两大类。

无条件反射是人和其他动物所具有的，不用学习和训练就会的，这是种族发展过程中形成而遗传下来的，是先天的本能，这是人和动物生存发展的基本条件。例如，食物反射，把乳头放在新生婴儿嘴里，婴儿就会自动吮吸，其他哺乳动物也是这样，生下来就能主动找奶吃，不如此就不能吸取生存所必需的营养，也就不能生存下去；防御反射，针刺手指头马上就会缩回来，有东西在眼前一晃，就会眨巴眼，这是保证有机体安全所需要的活动。

猴子的表演是条件反射的建立，就是人的学习同样也离不开条件反射。例如，学生识字，就是在学生头脑里建立字的音、形、义等之间的暂时神经联系，形成条件反射。如果只会写某个字，而不会读音，也不会解义，这就说明，只建立和巩固了字形的暂时神经联系，而中断了字音和字义的暂时神经联系，反之也一样。人与动物不同的是人能建立复杂的、多级的条件反射，即在条件反射的基础上再建立条件反射，动物则不能建立复杂的条件反射。

条件反射是人和动物在后天经过学习和训练建立起来的暂时神经联系，这个暂时神经联系不是固定不变的，而是暂时的。所以叫暂时神经联系。如果反复出现条件刺激物，而不伴随无条件刺激物时，已经建立起来的暂时神经联系就会中断，条件反射也就消失。例如，当狗建立铃声的条件反射以后，只要听到铃声就分泌唾液。如果只响铃而没有食物强化，重复多次后，铃声不再引起狗的唾液分泌。铃声失去了条件刺激物的作用，条件反射也就随之消失了。

神经系统活动的基本过程是兴奋过程和抑制过程。兴奋过程是有机体某种活动的发动和加强，是神经活动由静→动、由弱→强的过程。抑制过程是有机体某种活动的减弱和停止，是神经活动由强→弱、由动→静的过程。这叫做条件反射的被抑制。

高级神经活动的抑制过程也是很复杂的，下面介绍几种神经活动的抑制现象。

消退抑制：已建立的条件反射由于不继续强化而消失，这叫消退抑制。只给狗铃声，而不给食物，数次后，铃声不再引起狗的唾液分泌，这就是消退抑制。学习也是这样，学过的知识如果不经常复习，就不能得到巩固，自然会在记忆里消失，需要时也就想不起来了。学习中的单元复习，期中期末的复习考试，目的就在于不断强化在学习中已经建立起来的条件反射。所以，要想使学习的知识记得牢，就得经常复习，不断强化已建立的暂时神经联系，防止产生消退抑制。

外抑制：由于新异刺激的出现，抑制了已经建立起来的条件反射，这叫外抑制。例如，有许多外校的领导和老师在教室里听课，老师让你回答问题。要是在以往，你可能回答得很好，语言也很流利，可是在今天情况就不同了，尽管你都知道问题的答案，但是，由于看到有这么多外人，心里可能很紧张，结果对问题回答得很不理想。在教室里听课的外校领导和老师就是个新异的刺激，这个新异刺激的突然出现，使你精神紧张，抑制了暂时神经联系的很快恢复。要想解除外抑制的作用，就必须放松精神，消除心理上的压力，集中精力，对周围发生的事持"视而不见"、"听而不闻的"态度，一心一意从事当前的活动。

超限抑制：这也叫保护性抑制。神经系统的负荷量是有限的，而不是无限的。当刺激过于强、过久和过多时，神经细胞不但不能引起兴奋，反而会使抑制发展，这就叫超限抑制。当你在晚上复习功课和写作业时，开**始思考**问题速度比较快，记忆也很**好，但**这种情况逐渐会减弱。如果今天留的作业比较多，到最后，一些比较容易的题解起来也比较吃力，甚至不能进行，这就是超限抑制的作用。由于作业量大，神经容易疲劳，不但不能引起兴奋，反而抑制了已建立的条件反射，这时最好中止学习，做短暂的休息，使神经系统的活动能力得到恢复。只有抑制得到解除，学习效果才能提高，切不可进行疲劳战，否则效果会更差。

分化抑制：在条件反射建立的过程中，只对条件刺激物强化，而对其他类似的刺激物不强化，使类似的刺激物引起的反应受到抑制，这就是分化抑制。在巴甫洛夫的实验中，对狗用铃声作为条件刺激物形成了条件反射，当给他钟声时，狗同样引起反应，即分泌唾液。这是因为狗不能把作为条件刺激物的"铃声"与类似的刺激物"钟声"相区别，所以，把"钟声"也当成"铃声"了。为对"钟声"产生抑制，即听到钟声后不再分泌唾液，就必须在听"铃声"时给食物，在听"钟声"时不给食物，这样经过一定的次数的练习后，"钟声"不再引起狗分泌唾液，这个和条件刺激物相似的刺激物被抑制。

学习活动也是这样，区分近似和相似的字、概念、定义、计算公式等都离不开分化抑制。例如，小学生初学"睛"这个字时，很容易和以前学过的"晴"相混。老师反复指出，

"睛"是眼睛的"睛",是"目"旁，"晴'"是天晴的"晴"，是"日"旁。这时学生才容易将"睛"和"晴"这两个字区分开。就是说，在看到"睛"字时，抑制了与其相似的"晴"字，不再把"睛"字当成"晴"字。

人的心理是统一的整体

好奇的青少年朋友在空闲的时间可能会想，究竟什么是感觉、知觉、记忆、思维、想象，我怎么觉察不到，或分不出来自己是在感觉呢，还是在思维、记忆；是在认识外界事物呢，还是在进行情感体验……

是的，我们往往不易觉察到某一心理活动现象，或分不清自己在进行何种心理活动。其原因有四方面：

首先，神经细胞传递兴奋的速度太快。据神经生理学家测定，人的神经细胞传递兴奋的速度为 4～120 米/秒。这种速度常常使我们一旦想去觉察时，那一瞬间心理现象已经过去，接踵而来的可能已是别的什么心理现象了。例如，我们的脚被扎了一下，这一痛觉（感觉）不到半秒钟已传到大脑，大脑再通知脚缩回来。并用眼睛去看的时候，也在进行判断：大概是钉子（思维推理），眼睛看到一片亮亮的尖尖的东西（知觉），想起过去是见过的（记忆），原来是碎玻璃（思维判断）。与此同时，觉得自己真倒霉（情感不愉快），咬牙坚持去上药、包扎（意志）。这全部过程可能就一两分钟的事。因为这个过程很快，往往很难将其中某一过程单独区分出来。

其次，人的心理活动是完整的、统一的。人的心理过程在可以觉察到的一个时间里，常常是几种心理活动同时迅速交替进行，再说这些心理过程又都要受到个性心理的制约，也就是说个性心理都会在一定程度上影响心理过程。

例如，"注意"这一心理现象，就从来不单独存在，它总是伴随着认识过程、情感过程和意志过程进行。当我们的脚被扎破，头脑通知眼睛去看时，"注意"就伴随感觉和知觉；当大脑去想"这是什么"时，它又伴随思维；当自己觉得倒霉时，它又伴随情感。我们也可能一面看小说、看电视，一面高兴得拍手大笑，或伤心落泪。这就是伴随认识过程和情感过程。我们也可能下决心一定要把这 20 个外语单词背下来，这就是用意志过程控制认识过程。不同的人，即使都在经历这些过程中，表现却不一样。有人脚被扎时，自认倒霉；有人则可能破口大骂；有人则可能眼泪汪汪。这说明在认识过程、情感过程、意志过程中，都会反映出每个人不同的个性特征，犹如使每个人的心理过程染上了独特的色彩一样。心理的这种整体统一性，也使我们很难将某一心理现象分出来。

再次，人们往往只注意到自己心

理活动的内容，而不是注意心理活动的形式。在日常生活中，我们听课，就要集中注意去听清并理解教师讲课的内容。我们看书，就要集中注意看清并理解书上表述的内容。我们一般不会去注意自己是在进行知觉、思维、记忆、想象等心理活动的形式。如果我们将注意集中在自己正在进行怎样的心理活动时，就可能听不清或听不懂老师讲的课，看不清或看不懂书上写的内容。

最后，缺乏心理学知识。由于缺乏心理学知识，我们在认识自己或他人时，往往只能作总体印象的分析，或从外部行为及行为效果对其思想、品德、知识水平技能熟练程度进行分析，不会对心理活动本身进行分析。

对人的心理活动按心理因素进行分析，是心理学发展中一个学派的意见。这个学派称做构造主义学派，这个学派的创始人叫冯特（1832—1920），是德国人。他们受到当时欧洲自然科学飞速发展的影响，想对复杂的心理现象进行过细的分析研究，用化学分析的方法来解释各种心理现象。于是提出了感觉、记忆、情感等心理元素。这对后人研究复杂的心理现象无疑是有帮助的。

现在，当我们有了一点心理学知识时，就可以对他人或对自己的心理活动进行分析。例如，我们常由于粗心大意而出错，不是漏了标点符号，就是算错了题。如果已经确定自己对知识和技能本身已掌握，那么必须对自己的心理活动进行分析：审题时是否总是心急，想赶快看完（情感、态度）？有没有觉得这道题不难（定势）？是否容易被题目中的有些内容吸引而忽略了其他重要内容（注意的分配与转移、知觉范围）……以至在气质、性格上有哪些特点。只有从心理活动本身进行分析时，才能找出克服粗心大意缺点的具体办法，同样你若要有效地帮助他人学习，也必须分析对方听你的讲解时的感知、思维的过程，分析对方在解题时所需要的知识回忆、提取的过程，解题中的思路，只有这样才能行之有效。

由此可见，对人的心理是可以分析的，为了有效地工作学习，也是需要进行分析的。在我们学习了心理学知识后，也就可以对人的统一的和整体的心理活动进行科学的分析了。

心理发展的内部动力

相传古时候宋国有个人，嫌苗长得太慢，就一棵棵地往上拔起一点，回家还夸口说："今天我助苗生长了！"他儿子听说后，到地里一看，苗都死了。

为什么拔苗不能助长呢？因为麦苗的生长不但需要阳光、水、肥、灭虫害、除草等外部的条件，更重要的是它有自身内在生长发育的规律。

生物的生长发育是这样，其他事物的发展也是这样，必须遵循它自身发展的内在规律，否则就会受到"拔苗助长"的惩罚。人的心理发展也要遵循它内在的发展规律。生物遗传素质、社会环境和教育在人的心理发展中各自起着重要的作用，生物遗传素质仅仅是物质基础，社会环境和教育则是心理发展的外部条件，即外因，而人的主观因素则是至关重要的，它是心理发展的内因。这个内因的水平如何，将对心理发展的速度和水平起决定性作用。

数学家华罗庚在回忆他的生平时讲，他在读小学时因成绩不及格没有拿到毕业证，只拿到一张修业证书，在初一时数学经过补考才及格。从初二开始发生了一个根本变化，他认识到既然天资差一些，就应多用一点时间来学习，别人只用一小时，他就用两小时，这样数学成绩有了不断提高，经过自己几十年的艰苦奋斗，终于成为一名世界闻名的数学家，这就是内因所起的作用。什么是心理发展的内因或内部矛盾呢？朱智贤教授在他的著作《儿童心理学》一书中指出："一般认为，在儿童主体和客观事物相互作用的过程中，社会和教育向儿童提出的要求所引起的新的需要和儿童已有的心理水平或心理状态之间的矛盾，是儿童心理发展的内因或内部矛盾。这个内因或内部矛盾也就是儿童心理不断发展的动力。"简言之，社会和教育向儿童提出的要求所引起的新的需要和他们已有的心理水平之间的矛盾是心理发展的内因或内部矛盾。

新的需要，是指儿童的学习生活中，由社会和教育向他提出的要求真正地被理解和接受了，他就会在主观上产生一种新的追求和倾向。这种新的需要是以动机、目的、兴趣、理想、信念和世界观的形式表现出来的。例如，品德不良的学生，最初往往不能理解和接受社会、学校和家庭的教育，因此，社会和教育要求也就很难内化为他的需要，这时容易在错误的路上越走越远，甚至犯罪。经过反复耐心的教育，或在犯了严重的错误后受了惩罚，认识到了发展下去的严重后果，才成为其改正错误的需要。这样就会重新考虑自己的前途，"从头做起"，加倍地努力学习，产生学习的兴趣和形成学习的动机，其结果是"浪子回头金不换"。

已有的心理水平，是指过去的认识外界事物的结果，它经常代表着心理活动中旧的、比较稳定的一面。例如，品德不良的学生，在他没有理解并接受社会和教育要求，内化为自己的需要时的心理水平，就是已有的水平。

在心理发展过程中，新的需要和已有水平之间的这对内部矛盾的两个方面是对立统一的，它表现在两个方面：

第一，心理上的新的需要和已有的水平是统一的相互依存的。新的需要总是在一定的心理水平上才能产生，换言之，新的需要依存于一定的心理水平。例如，小学低年级的学生，他的形象思维还没有完全成熟，就不可能产生抽象思维的需要。同时，一定的心理水平的形成也依存于是否有相应的需要。例如，学生要达到抽象思维的已有水平，只有在形象思维的基础上，产生对抽象思维的需要以后才能达到。如果没有对抽象思维的需要，那么抽象思维的已有水平永远也不会达到。

第二，新的需要和已有的心理水平是相互斗争的，相互否定的。新的需要总是否定已有的心理水平，也就是说心理发展的水平总是满足不了日益增长的需要，一定的心理水平的形成，也就意味着原来需要的被否定。例如，儿童入小学后，逐步养成了学习能力和习惯，游戏再不像学前那样是他的主导需要了，即小学生以学习为主导活动的这个心理水平否定了对游戏的需要。

人的心理就是这样，在一定的社会生活环境和教育影响下通过自己的社会生活实践活动所产生的新的需要和已有的心理水平之间矛盾双方的相互斗争，相互依存的过程中发展起来的。

心理发展的阶段性与连续性

我国古代思想家孔子在《论语》中说："十五而志于学，三十而立，四十而不惑。五十而知天命，六十而耳顺，七十而随心所欲，不逾矩。"汉代刘向在《说苑》中说："少而好学，如日出之初；壮而好学，如日中之光；老而好学，如炳烛之明。"古人的这些论说都从不同角度揭示了人的心理发展的特点。

何为心理的发展呢？人的心理的发展，从广义讲，是指个体的心理变化。但并不是全部的个体心理变化都叫发展，像变态心理和病态心理都是个体的心理变化，不能认为是心理的发展。这里所说的心理发展，主要是指个体从出生到成熟期间所发生的积极的心理变化。一个人出生后，在社会生活条件和教育的影响下，从一个处处需要别人照料的软弱无能的个体，发展成为一个具有一定的科学文化知识、思想、品德和劳动能力的独立的社会成员，这是对心理发展的一般理解。现代心理学还将心理发展延伸到老年心理的变化。

个体从出生到成熟（18岁）要经历以下六个发展阶段：

乳儿期：0～1岁；

婴儿期：1～3岁；

幼儿期（或学龄前期）：3～6、7岁；

童年期（或学龄初期）：6、7～11、12岁；

少年期（或学龄中期）：11、12～14、15岁；

青年初期（或学龄晚期）：14、15～17、18岁。

心理发展的每个阶段都具有一定的心理特征，这些心理特征是在一定的社会和教育条件下形成和发展起来的。这些心理特征具有一般性、典型性，是从许多具体的、个别的儿童心理发展的事实中概括出来的。

心理发展的过程是一个量变到质变的过程，各个阶段间既有区别，又有联系。各个发展阶段的初期会保留着大量的前一个阶段的许多特点，在每个发展阶段之末也可能产生某些下一个阶段的特点。例如，在小学高年级与中学生身上，常常可以看到，既有孩子的心理特点，又有某些成人的心理特点。

心理发展的各个阶段具有一定的稳定性和可变性。在一定的社会和教育条件下，心理发展的阶段的顺序是稳定的，这是因为人类知识经验本身有一定的顺序性，个体不能违背这个顺序来掌握它。小学生先学加和减，才能学乘和除；先学算术，才能学代数；先学平面几何，才能学立体几何；先学动物学和植物学，才能学生物进化论等。再好的教学法，再高水平的教育者也不能让还不懂算术的小学生去学懂立体几何。另外，从掌握知识经验到心理机能得到改造和提高，同样需要一个量变到质变的过程。例如，个体从识字到阅读和写作，到很熟练地理解和运用语言来表达思想这是需要一个过程的。

但是，社会和教育条件的不同，或社会和教育要求在个体身上所起作用的情况不完全相同，因此，每个发展阶段时距的幅度有一定的变化。也就是说，心理发展的每个阶段发展的

速度可以有一定的个别差异，这就是心理发展阶段的可变性。例如，有的孩子懂事早，有的孩子懂事晚，其原因首先是社会条件不同，导致心理发展的水平、速度不完全相同。在我国社会主义条件下，儿童受到普遍的良好的教育，其心理发展比较健康、顺利，速度也比较快。而在我国旧社会和一些不发达国家与地区的儿童，他们的心理发展比较缓慢，水平也可能较低。其次，由于教育条件不同，心理发展的速度和水平也不同。在我国的城市，特别是大城市的儿童，在受教育方面有优越的条件，从幼儿园到中学都能受到良好的教育，儿童的心理发展速度比较快，水平也较高。在我国一些边疆地区，受物质条件和师资水平的限制，儿童受教育的条件比较差，甚至受不到应有的教育，因此儿童心理发展的速度就比较慢，水平也可能较低。

人的心理在发展过程中，一般都表现出下面的一些特点：

心理发展的连续性。心理发展是一个持续不断的前进过程。例如，言语的发展，从初生儿的叫喊、牙牙学语到用语言思维和表达情感，这是一个持续发展的过程。某一种心理活动是这样发展的，就是人的整个心理活动也是由低级水平向高级水平连续发展的。

心理发展的顺序性。心理的发展有一定的顺序性，从整体看心理的发展有一定的顺序性，一般都沿着"感

觉→知觉→记忆→思维→道德情感"等这样一个顺序发展，任何人都无法超越这个顺序。从个别心理活动的发展看也有一定的顺序。例如，思维的发展是"动作思维→具体形象思维→抽象逻辑思维"；记忆的发展是"机械记忆→意义记忆"。

心理发展的阶段性。心理在发展过程中是有阶段性的，每个阶段都有其独特的一些心理特点，而且前后相邻的阶段是有规律地更替着，前一个阶段为后一个阶段准备了条件，而且有规律地过渡到下一个阶段。初入学的儿童的心理特点是在学前儿童的心理特点的基础上发展起来的；少年期儿童的心理特点是在童年期儿童的心理特点的基础上发展起来的。

心理发展的不一致性。在心理发展的过程中，各个心理活动发展的速度是不完全一致的，它们达到成熟水平的时期也是各不一样的。感觉、知觉、机械记忆等早在少年期就达到了较高的水平，而抽象逻辑思维到青年初期，即高中才能达到一定的成熟水平。

心理发展的联系性。心理活动各方面的发展是相互联系和相互制约的。儿童感觉和知觉的发展是记忆发展的前提条件，而记忆的发展又反过来促进了感觉和知觉的发展；感觉、知觉和记忆的发展为思维的发展提供了具体材料，使思维在这些材料的基础上得到发展；思维的发展又促使感觉和知觉更加完善，获得更丰富和更

概括的材料，更有系统地保留在头脑里。

心理发展的差异性。心理发展有显著的个别差异，同年龄的儿童在同一心理活动中的发展速度和水平是各不相同的。同一个年级的学生，有的已能用数学概念进行运算，有的还必须借助于实物运算；儿童的智力发展水平也各不一样，有的表现早，有的则表现晚。

总之，人的心理发展是在一定的社会和教育条件下，经过由量变到质变、由低级到高级的发展过程，即由不成熟到成熟的发展过程。

独生子女的心理特点

目前，从家庭到社会和学校，对独生子女议论纷纷，其焦点是独生子女"独"，表现为不合群、自私、不会关心别人；怕吃苦，不爱劳动，不会劳动，学习上不刻苦；任性、随便，无所顾忌，个别的还不遵守纪律等。这些弱点虽不是在每个独生子女的身上都存在，却具有一定的普遍性。可是使人担忧的是，人们在在纷纷议论独生子女"独"的同时，又有许多独生子女的家庭在继续"培养"独生子女的这种"独"。许多独生子女却并未觉察到自己的这些弱点。因此我们不能不对形成独生子女"独"的原因进行思考。当然独生子女的这种"独"不是天生的，而是在后天的社会生活环境中逐渐形成和发展起

来的。

什么是社会生活环境？社会生活环境在儿童的心理发展中起什么作用？这在前面已谈到过，这里作进一步介绍。社会生活环境，大到宇宙世界，国家的政治、经济、文化发展状况，这是指宏观环境。这种宏观环境通过家庭、邻居、亲友、公共娱乐场所、学校和所生活地区的社会风气等对儿童产生影响。这种对儿童心理发展产生直接作用的环境称做微观环境。这个包括宏观和微观的社会生活环境是决定儿童心理发展的条件，它使生理遗传提供的儿童心理发展的可能性变为现实性。

社会生活环境是很复杂的，它对儿童心理的发展既起积极作用，也可能起消极作用。"近朱者赤，近墨者黑"这句中国俗话形象地说明了社会生活环境和儿童心理发展之间的相互关系。例如，音乐家聂耳，他对音乐产生强烈兴趣的第一个原因是他家有一位木工师傅的邻居，常在工余之时吹笛子，笛音悠扬悦耳，时而像高山流水，时而像百鸟争春，时而高亢激昂，时而委婉低沉。在这位邻居笛声的影响下，聂耳对音乐发生了兴趣。从10岁起，便学拉二胡、弹三弦和吹口琴，12岁就在学校里登台表演，终于在抗日战争的烽火中创造了代表中华民族心声的不朽乐章《义勇军进行曲》。1981年参加浙江省夏令营的107名中学生，不仅学习成绩好，而且品学兼优，对他们的调查表明，有69人自述受父亲的影响最大，有28人受母亲的影响最大，有4人受祖父母的影响最大，这些占总数的94.39%。这些都是居住地区、邻居及家庭这种社会生活环境的影响，它们对儿童心理发展产生积极的影响是主流。

社会生活环境对心理发展的影响并不都是积极的，也有消极的，特别是在商品经济得到发展的今天，价值观念正在发生各种变化。对知识贫乏、经验不足，判断能力差，好奇心强和善于模仿的青少年儿童尤其是这样。有这样一个令人深思的实例：一个十多岁的男孩子因为排队"加塞儿"，打破了电影院售票窗的玻璃，被人拉着找到家里。这时孩子的爸爸才知道孩子没有上学。问到学校，老师说："他不是转学了吗？他说是您让他来办转学关系，已经离校两周了。"爸爸一听火冒三丈，抢起巴掌就打，"谁让你逃学，谁让你打人家玻璃！"孩子被打得无奈，便说："您不是求人写病假条不去上班？您不是让我买菜不排队去'加塞儿'吗？"原来儿子的逃学是跟爸爸"旷工"学来的；儿子的"加塞儿"打破玻璃是爸爸怂恿造成的。这就是这个社会生活环境对少年儿童的消极影响。这种影响是潜移默化的。

社会生活环境对心理的发展起重要作用，这是客观存在的，也是众所周知的，但是，这种作用不能夸大，在同样的社会生活环境条件下，也会出现有各种不同表现的人，他们的心理水平也是各不相同的。

有人认为，心理的发展完全由社会生活环境所决定的。美国行为主义者华生就是其中的代表，他说："给我一打健全的儿童，我可以用特殊的方法任意地加以改变，或者使他们成为医生，律师……或者使他们成为乞丐、盗贼……"但是华生的儿子都没有按照他的愿望去做。

为什么不能夸大社会生活环境的作用呢？因为人的心理的发展要受到遗传、环境、教育多因素的制约，而社会环境只是其中的一个重要因素，但不是决定性的惟一因素。

读到这里，有的青少年朋友会想，我身上的缺点就是我家长惯成的。进而责怪家长对自己的成长毫无益处。应当指出，当你开始意识到自己长大了时，就应该采取分析的态度。家长完全是出自对自己的爱，他们希望自己健康成长，成为有用的人才。报答他们的惟一办法是使自己成为社会所需要的人。家长教育方法上的不妥，使自己形成了某些缺点，这不是他们的本意，迁就自己常是由于自己不懂事造成，随着自己年龄增长，他们也会改变教育态度的，而克服缺点主要力量来自自己。因为一切外部力量，都要通过主观努力才能起作用。青少年朋友你认为对吗？

中学生心理与行为的适应

从小学升到初中的小美很高兴，因为，以优异成绩升入重点中学的她，和其他小学生比起来要幸运得多。正如有人说的"上了重点校，进了保险箱，中考、高考不用慌"，小美和家长就像吃了定心丸，欣喜之外，倍感踏实。然而，开学还不到一个月，小美就皱起了眉头，期中考试没结束，小美就失去了笑脸。是什么在烦扰着她呢？

小美本以为考上中学就可以松口气了，没想到层层障碍挡在面前，要他们去闯：开学前的摸底考试题型新、题量大，小美的成绩不理想；一开学就是七八门功课齐头并进，哪科教师都说自己这门课重要，弄得小美抓了这门丢那门，考完这门温习那门，忙得手足无措，急得抓耳挠腮。小美开始连连叫苦："我越来越笨了"，"我越学越糟了"。有时候，小美甚至有些丧失信心，认为自己不是上中学的材料。小美的父母和老师都很疑惑，她究竟是怎么了？

小美的一系列变化主要是因为，她对中学的学习生活适应能力不够强。适应能力是人在复杂的新环境中能顺利地生活下来，并得到发展的一种能力。其实，不仅是人要有适应能力，任何动物都要有适应能力，否则就不能生存。据说几百万年前，陆地上生活着一种巨猿，高3米，重约450千克，现在没有了。现在最大的灵长目动物是猩猩，与人差不多高，重约180千克。据说1.5亿年前有一种巨型恐龙，肩高6.3米，脖子很长，头可以伸向 12 米高的空中，重约 180 吨，为现存大象体重的 13 倍，现在没有了。现在我们见到的蜻蜓翼展最大的 7～8 厘米，但约 3 亿年前，有的蜻蜓身长约半米，翼展为 70 厘米。是不是现代的生物退化了？不是，而是在长期生存竞争中，小而轻的物种比大而重的更能适应外界环境的剧烈变化。这种剧烈变化包括有冰川活动、地壳运动、气候异常造成的自然环境巨大变迁。当然，至今海洋中仍生活着一种长达 27 米、重 130 吨的蓝鲸，它之所以能生存，只是因为海洋中受上述自然环境巨大变迁的影响不大而已。

上面谈到的是动物对自然环境的适应，作为人不仅要适应自然环境，还要适应社会环境。小学到中学的适应，就是对新的社会环境的适应。适应能力强的学生，即使他在小学阶段的成绩不拔尖，也能因很快熟悉并习惯中学的新的学习生活而进步；适应能力弱的学生，即使原有基础较好，也因不能很快熟悉与习惯新的学习生活而落伍。

那么，小学升初中，应具有哪些适应能力？首先要学会观察、分析。

需要观察分析的有两个方面：

首先是客观方面的，小学与中学在学习内容、教师教学方法、学校管理方式方面各有哪些不同。

小学的主要课程是语文、数学，小学升初中的入学考试也只考这两门。一上初中，主要课程除了语文、数学，又加上了外语、政治、生物、生理卫生等几门。常常是数学课堂练习还未做完，语文教师已进教室；刚刚复习完的汉语拼音，又和新学的外语字母产生混淆。过去写完语文作业，就做数学作业，现在一天五六节课下来，就有四五门作业，要读要背、要写要算……有时竟忙得拿起这门，想起那门。这是一种从内容少、门类少、任务单一到内容多、门类多、任务复杂之间的不适应。这种不适应易使学习活动杂乱、被动。

小学的学习内容，主要是要弄清"这是什么"、"这是怎样的"、"怎么做"；中学的课程内容中有不少不仅要弄清"是什么"、"怎么样"、"怎样做"，还要弄清"为什么"、"为什么要这样做"。因此，小学学习时，上课注意听讲时的任务是弄清"是什么"、"怎么样"、"怎么做"；课后主要任务是记忆与练习。中学听课时主要任务在弄清上述几项内容的同时，必须认真思维。要弄清结论的由来、问题的引出、材料的搜集以及如何进行推导、如何验证结论等。这样，仅仅会记忆和多练习显然是不够的了。一个不会思维的学生，一个还习惯于努力去记忆的学生，可能因此而落伍、掉队。

小学时每堂课，每种活动几乎都有教师跟随；上了中学，自习课很可能没有教师，因为班主任还兼着其他班的课。课外活动，包括班会、队会活动、体育活动等，由于要培养学生的独立自主精神，也常常由学生自己组织。教师仅仅是出出主意，帮助想点办法而已。一个听惯教师安排、依赖性强、自觉性差的学生，一个"老猫不在，耗子翻天"的学生可能因此而放松自己，使自己落伍、掉队。

在观察分析了客观情况之后，还应对自己的主观状况进行观察分析，可以问以下问题：

（1）自己是否会主动安排学习，是否经常在等教师的安排。

（2）自己是否有良好的学习习惯；是否有固定的学习时间（晨读、放学后的作业时间），固定的学习地点及能否独立克服学习中的困难。

（3）自己是否有良好的学习方法：注意听懂还是注意记忆，能否将重点内容记下来，能否找到重点问题，是否来得及记笔记；课后复习：是否复习，如何复习，是背、抄、默，还是比较、归纳、总结；遇到困难或问题立即请他人帮助，还是自己钻研，独立完成，或者经常抄袭；是否像重视完成书面作业一样重视完成口头作业；注重平时学习还是注重临考突击。

（4）是否学会自我评价，还是只依靠教师打分、得了好分或得了坏分情绪是否波动。

在上述对主客观条件分析基础上，必须主动调整自己的行为，努力改变自己不适应中学学习生活的各种影响。调整自己的行为不是一件容易的事，有两点要请青少年朋友注意：

第一，就是要弄清自己需要调整哪些行为，如独立安排学习计划、自己管理自己等。第二，就是要学会坚持，不能半途而废。

调整行为就要破旧立新，这不同于在空地上建筑新的房屋，而是先要拆除旧的房屋，这个过程难度大、时间长。一没有坚持的精神，一遇到困难，又按小学时的习惯去做，当然不能很快成为合格的中学生的。

有了心事怎么办

在一次班会上，初二（1）班班主任王老师给同学们出了一个题："有了心事怎么办？"王老师说，你们怎么想就怎么写，我不打分数，不对笔迹，你们也不必写姓名。当然，不写也可以，不过你们要珍惜你们独立的、自由的发表言论的权利。同学们感到了老师对自己的尊重，顿时觉得自己长大了许多。结果全班48名同学认真回答了这一问题。

A同学写道："有人做过调查，我们这么大的学生，有了心事大部分对知心朋友说，少部分对家长说，极少有人对教师说，我就只对知心朋友说。"

B同学写道："我爱写日记，不少同学也记日记。静静的夜晚，一人在小屋进行心灵的独白，独自回味着酸甜苦辣，别有一番情趣。日记是我自己的天地，是我辛勤耕耘的精神绿地，我最恨偷看我日记的人，不管是父母，还是同学和姐妹。"

C同学写道："我发现自己最近有点变化，在与父母、老师，甚至与同学交往时，不那么坦率了，我并不把自己的真实想法都告诉别人。有些心事我不想说，有时说出来的又不是自己的真心话。我很担心，我是不是变坏了。"

这些同学反映的是自己的真实情况。这正反映出处在青春发育期的青少年的一种心理现象：心理的闭锁性，或称闭锁心理。

所谓心理的闭锁性是指一个人将自己的心理活动紧闭、关锁在自己内部，不让其表现出来，使心理活动具有某种含蓄、内隐的特点。由于不愿将自己真实的想法和盘托出，以致自己的言行与内心活动出现某些不一致。

闭锁性是一个人从小到大心理发展过程中的一种正常表现，这是相对于儿童期的外露、直爽、单纯、天真而言的，这是心理成熟过程的一种现象。

闭锁心理的产生有两种内部原因：

（1）思维水平的发展。从小学中低年级到高年级，从小学到中学，走出了家门，走进了学校，从接触家长，扩大到接触老师、同学；从学习有限的语文、算术、常识几门文化课到学习语文、外语、政治、数学、物理、化学、生物、历史、地理等多门学科；从听从一两位教师的教诲，到同时与七八位或更多的教师交往，使青少年的视野一下子开阔了，交往一下子扩大了。外界丰富多彩的信息，使青少年的思维活动向广泛性、深刻性方向发展。头脑中想的问题比以前多了，许多问题是尚未想明白，还需用更多的时间、精力去吸收，去思考，而不是表述。

（2）新的自我的发现。随着年龄增长，初中生开始注意观察自我，分析自我。这就是说，开始有意识地把自己分成观察者与被观察者两部分。记日记就是用"观察者"的"我"的眼光来观察、评价"被观察者"的"我"的过程。经常想回答："我今天这样做对吗？""我聪明吗？""我漂亮吗？""我受别人喜爱吗？"……答案有时满意，有时不满意。不论满意与否，在一个时期中，自己认为是在窥探、研究自己的内心世界，与他人无关，也不想让他人了解。

除了上述内部原因，也有某些外部原因。这主要是父母、教师等成人，仍把已具有成人感、要求独立、要求受到尊重的青少年当作孩子，管教多、训斥多、限制多，尊重少、理解少、协商少。在一定程度上挫伤了青少年的自尊心，使青少年愈发感到与成人之间缺乏共同语言，不愿与成人透露自己内心的秘密。

闭锁心理是否有碍于自己正常健康的发展？应该说，闭锁心理有积极作用也有消极作用。

闭锁心理的积极作用主要表现在：

（1）由于思维活动的广泛性与深刻性，面对复杂纷繁的信息世界，会使自己突出地感受到丰富自己的智慧和精神世界的迫切性，也在深入地思考中体验到享受人类创造的精神财富和文化瑰宝的欢乐。这种未用口头语言表达的需要与愉悦，可以使一些青少年将闭锁心理升华到钻研学术，潜心科学的事业追求，为今后的创造发明、事业成就奠定基础。

（2）由于发现新的自我与探究自我，探究他人愿望的产生，可以由此认识并体验人生思想情感发展的规律，对人生、对社会产生独到的见解与强烈的使命感，促使自我深思，自我完善。

闭锁心理的消极表现：不轻易向别人吐露真情，在交往中对他人要求苛刻：既不愿他人了解自己，又埋怨他人不理解自己，也不能去正确理解他人。其结果使自己即使身处人流中，即使在同学朋友、老师、亲人的包围之中，也难以排遣孤独感。这种孤独感与青少年时期强烈的交往需要产生的心理矛盾，使自己陷入痛苦，而哀叹不已、伤心落泪……这种个性心理的严重发展，将成为心理变态。

由此可见，我们应正确对待在心理发展过程中出现的闭锁心理。充分利用闭锁心理的积极作用，使自己更为深沉、成熟，防止闭锁心理的消极影响，应向能理解自己的人敞开心灵的大门。这些人可以是同龄人，也可以是成年人；可以是同性，也可以是异性。当然，理解是对等的：你要别人理解你，你也要理解别人。

不要管着我，不要跟着我
——独立性

"不要管着我，不要跟着我，不要每走一步都束缚我，不要照看和不信任我，用襁褓带子捆住我，也不要总是提起我在摇篮里的情景，我已长大成人。我不愿意别人牵着我的手。我面前有一座高山，这是我生活的目的。我看着它，想着它，想攀登它，但是，我想独立攀登到这个顶峰。我已经上来了，迈出了最初的几步；我攀登得越高，发现在我面前的视野越开阔，我看到的人越多。展现在我面前的广阔无垠的一片令人感到可怕。我需要成年朋友的支持。如果要我讲这话，我感到羞愧和可怕。我希望，大家认定我是独立地、自力更生地达到顶峰的。"

这是苏联著名教育家瓦·亚·霍姆林斯基阐述的青少年的一种心理要求，是否符合你的状况呢？

一方要摆脱成人的管束，一方对独立要求的不理解、不放心，造成了两代人之间的矛盾。这对矛盾有时还发展到十分尖锐的地步：对抗、争吵，甚至想离家出走，想脱离父子关系，想自杀……

青少年为什么会有这种挣脱束缚、求得独立的要求呢？这还是成人感的一种表现。

在世界各种动物中,人的幼年时期是最孱弱的。离开了他人的喂食、保护安全、帮助御寒、清洁身体等的照料,是难以成活的。而且,这种依赖他人生活的时间在各种动物中也是最长的。因此,依赖成人、在成人保护下生活是孩子成长中的一个特点,依赖性也是孩子的心理特点。

青少年由于在包括身高、体态在内的形体上的变化,也由于内分泌,尤其是性激素作用所产生生理变化的体验,使之觉得自己长大了,不是孩子了。长大了,意味着可以独立了,不必事事依赖成人了。

这种独立性表现在哪里呢?

(1)用自己的头脑进行思考。还记得自己小时候的情况吗?那时头脑中的问题特别多,而且一有问题就想问。从"天上的星星怎么是一闪一闪的",问到"如果我挖一个很深很深的洞,一直挖到地球的那一面,我们能不能掉到美国去"。现在我们头脑中仍有许多问题,例如"太阳系之外究竟还有什么"、"地球上的石油和煤采完了怎么办"、"在太空实验室中,真菌能否生长"。这些问题有时也问他人,但是,更想借助自己已具有的相当的阅读能力,独立进行探讨与思考。这不能不是一种极大的进步。

(2)青少年总想自己作出评价:"唐僧有什么好,一点本事都没有。""为什么要歌颂小草?它东倒西歪,不能成为栋梁之材。如果希望自己当

小草,就太没志气了。"敢于提出自己的看法,敢于有理有据地与他人的观点进行交锋,这是思维的独立性、批判性的一种表现。具有这种思维特点的人,往往不采用常规的解决问题的方法,不依赖已有的原理、现成的结论,这种做法,有时不仅会遭到社会习惯看法、传统势力的反对,也会导致自己认识上的矛盾,心理上的不平衡。科学家特罗特曾说:"如果我们老老实实地观察自己,往往会发现:甚至有些新设想被充分提出之前,我们就开始反驳了。"因此,提出自己的评价,首先要战胜的是自己心理上的障碍——缺乏自信,其次才应具有不怕辱骂、嘲笑,捍卫真理的勇气。这自然也是独立性的重要标志。

(3)自己作出决策。请回想自己小学毕业报考初中,填写志愿的情况,无须多说,家长、老师说了算。初中毕业时自己往往已有一定的主见。小学时乘车外出,常常要家长带着,春游、秋游,要老师领着。上了中学,尽管教师、家长仍是不放心,总有几个胆大的学生,悄悄商议着,要自己去旅游参观。独立作出决策是相信自己的力量,心理上断乳的一种表现,就像小鸟的翅膀开始长硬了,要起飞,自己去觅食了一样。这无疑是迈出了真正独立的重要一步。

(4)独立完成任务。在没有成人帮助下完成任务,特别是完成那种比较复杂、比较困难的任务。如独立完

成烧饭菜、洗衣被等家务，拆修自行车、半导体收音机，在外打工等。独立完成任务是对一个人实际能力的考验，在这种实践活动中，逐渐积累经验，培养克服困难的毅力。许多成人出自对孩子的爱怜，常常给予较多的帮助，尤其在见到孩子有困难时。其实这会挫伤孩子独立性发展的要求，使之难以摆脱依赖性。

总之，青少年的独立要求是心理发展的必然趋势，是为作一个独立的社会成员的必要准备。但是，青少年的独立性实在是有限的。

让自己像大人一样办事行吗？
——依赖性

"让你像大人一样办事行吗？"在中学生中收到了三种答复。

A说："行！当然行！因为我已长大成人了，这有什么困难！"

B说："不！不对！大人毕竟是大人，有知识、有阅历、有经验，而我刚刚接触社会，经验太少，连洗衣服，买东西之类小事，还经常被家长否定。"

C说："这个问题，我认为有些地方可以像大人那样去办，例如买油盐酱醋；有的家庭大事，像买家具、彩电、冰箱之类的大件物品，我就不成了。"

三种不同回答，反映了青少年心理上独立性和依赖性的矛盾斗争，以及独立意识水平在不同人身上的表现。

应该说，有实际存在的独立与依赖以及心理要求上的独立与依赖。

一个人是否具有工作、生活的实际能力，是否开始了独立的社会劳动，这是是否有了独立或仍然只能依赖的客观条件；一个人是否运用自己已具有的工作、生活的实际能力，参加了社会劳动，这表明了他是否已独立，或仍在依赖他人。一个孩子，可以在尚不齐备独立的客观条件时，就有独立的心理要求。这种要求仅仅是一种想法，在没有参加社会劳动，改变社会地位之前，他依旧处于依赖状态。

青少年时期，从生理上看，比童年期跃进一步，从社会地位、经济地位上看，与童年并无本质差别，仍是依靠父母或国家供养。他们主要的活动是学习，学习独立劳动的本领，发展独立的意识，与依赖心理斗争。

有一位小学教师介绍了在华工作的英国家长如何培养孩子的独立意识与独立生活能力的。

英国小学生达伦是个独生子，却不娇气。一天，达伦自豪地对老师说："老师，我找到工作了。"老师惊讶，一个十二岁的外国孩子，怎么要工作，怎么能找到工作，连忙问："你怎么就工作了？到哪去工作？不上学了？"原来是他自己要求在课余工作的。他说："一切都依赖父母是不光彩的，越大越应自主。"在父母支持下，他找到了工作，工作的日程大致如下：

星期一放学后，去某公司为经理擦汽车；

星期二、四晚上，教一个日本小孩学英语；

星期三、五早晨，早起一个小时为公寓里的人们送牛奶，然后上学，他还组织另外两个孩子在其他日子送牛奶；星期六放学后为另一公司老板整理办公室。

这些工作的收入，除供他一个月零用，还有剩余。其实。达伦家的生活比较富裕，并不缺孩子的零花钱，孩子参加工作的目的主要是为了培养独立意识，锻炼独立实践能力。

达伦是对的。国外有人对 200 名儿童作了追踪调查，发现凡是独立意识强的儿童长大后，有 80% 的人意志比较坚强，敢于独立作出判断作出决策。

独立的要求与独立的实践，在青少年身上常常容易脱节。这表现在两方面：

（1）具有独立要求，缺乏独立能力，造成独立实践活动的失败，甚至产生不良或危险的后果。

（2）时而想独立，时而想依赖：做对自己想做的有兴趣的事时，想独立；对不想做的麻烦、琐碎、乏味的事，想依赖；可以依赖时依赖，无条件依赖时独立。例如，课余时间、外出活动，想自己安排；属于自己的钱，想自己支配；洗衣、烧饭、搞卫生，想依赖；困难事、麻烦事想依赖。这实际上不是不具有某些独立能力而是独立意识不强。

增强独立意识，除了要明确独立对未来生活的意义外，主要是克服惰性，锻炼克服困难（包括麻烦、厌烦等内外困难）的意志力，以及通过实践活动的成绩，增强自信心。

一个婴儿，从呱呱落地来到人世间起就过着依赖生活。待长大成人，若仍想过依赖他人的生活，不想用自己的头脑，用自己的手脚生活的话，这就是惰性。

惰性是安于已经形成依赖的习惯的表现，改变依赖习惯是打破平衡的过程。打破平衡就会造成心理紧张，消除紧张建立新平衡需要付出精力与体力。从依赖他人到独立，是打破旧的平衡到新的平衡过程，没有克服内外困难的意志力，就会停留在习惯的依赖状态。

青少年的依赖性表现：

（1）不会或不愿自我料理，例如自己的衣食住行都由家长照顾，诸如烧饭、洗衣、整理屋子。

（2）不会安排作息时间和课余时间，包括不知如何安排与安排了不能自觉执行，经常要家长提醒："该起床了"、"该做作业了"、"该睡觉了"等。

（3）不会选择课余活动的内容，包括课外阅读，兴趣活动的选择。

（4）缺乏自我理想，包括选择专业，选择职业，主动申请入团、入党，有的高三毕业生将高考志愿书向家长手中一塞说："我只管考，选志愿、挑学校是你们的事。"

（5）不会进行社会交往，包括独自接待家长的客人，独自到外单位联系工作，以及组织班级活动等。

依赖心理是青少年未来事业成就的大敌。在发展商品经济，提倡正当、积极竞争的时代，依赖心理将导致一个人一事无成，甚至难以生存的后果。

克服依赖心理的办法：

（1）克服惰性，努力用自己的头脑去思考，用自己的手脚去实践，从一件件貌似琐碎小事做起，在实践活动中总结经验，培养独立活动的能力。

（2）增强自信心，特别要总结成功了的实践经验。

（3）重大事情，或独立进行的某些复杂活动，争取听取成人意见，吸取成人的经验、教训，尽可能避免失败。

升学就业的选择

有一位学文的高中生，因受到教师与社会的轻视而呼吁改变一下对文科生的偏见；有一位上了职业高中的学生，为原校教师对他感到遗憾、可惜而惶惑不安；记者为优秀大学生因没有后门，只能到某乡村中学任教而不平；一位大学生假期回乡，见到未升学的老同学个个西服、叼着进口过滤嘴香烟，反衬自己的穷酸相而羞愧……

这正是对人才、职业不同价值观的反映：

文科不如理科有用，文科生不如理科生的头脑灵活；职业高中不出人才，只有上了高中、大学才算成才；教育工作远非研究单位、政府部门、厂矿企业的工作有价值；读书不如就业合算。

价值观是一个人对事物重要性及用途的评判。一块糖和一件出土文物（破陶罐）相比，哪个更有价值？孩子肯定认为糖有价值，因为它可以吃；考古工作者肯定认为破陶罐有价值，它可能就是一种稀世珍宝，它可能会告诉人们，他们的祖先在当时的生产、文化发展的水平。这是指在两种或几种事物选择时反映的不同价值观。即使是对同一种事物，人们也会从各自需要的角度来评价其价值。考古工作者是从研究古代历史的角度肯定破陶罐的价值；美术家从审美、艺术角度肯定其价值；盗墓者从其可以换取多少金钱的角度肯定其价值。一个人对周围事物形成一种较为稳定的系统的价值观念时，就成为他的世界观、人生观、幸福观、苦乐观的核心。为此我们不能不重视自己的价值观。

升学、就业的选择，除了某些客观因素限制外，主要反映人们对读书及各种职业的价值观。

读书的价值，自古以来就有不同看法："万般皆下品，唯有读书高"；

"书中自有黄金屋，书中自有颜如玉"；"劳心者治人，劳力者治于人"；"书读得愈多愈反动"；"大老粗光荣"；"知识就是力量"；"科学技术就是潜在的生产力"。这里有褒有贬，有肯定对个人发展、升迁的作用，也有对社会发展作用的估价。

职业的价值，也有各种不同看法："行行出状元"；"工作大体可分为体面与不体面两类"；"职业选择分四种：从政、从商、从事研究、直接参加劳动"。这些主要是从个人发展来评价职业的意义。

中学生在升学、就业的选择时，不一定对这些有十分清楚的意识，但是，一旦抉择，不能不反映出自己的价值观，或家长的价值观。一个中学生在初中毕业、高中毕业时就有两次关键性的选择：继续升学还是立即就业。在继续升学方面，初中毕业生就要在高中、中技、中专、职业高中、农业中学等不同类型的学校中进行选择；高中毕业生就要在大学本科、专科，以及各种专业中进行选择。在就业方面则在务农、经商、做工等方面进行选择。在选择过程中，学生和家长就在对读书和就业的价值，对各种职业的价值进行比较、权衡。

以传统的价值观看是在下列几方面进行权衡。

（1）兴趣：个人喜爱干哪一行，就选哪一行。

（2）社会需要：靠觉悟，服从祖国和人民的需要。

（3）个人名声：工作体面，能受人尊重。

（4）经济收入工资待遇高。

在升学选择专业、在就业选择职业时，这四个条件全部满足的可能性不是不存在，却也不容易。当产生矛盾时，首先考虑哪一种条件，抑制哪一种要求，反映出一个人的价值观。

在多元化发展的今天，传统观念受到冲击的时代，新的观念时代对中学生升学和就业方面的选择产生了影响。

首先，商品经济观念的渗透。商品经济的观念正在渗透到社会各个领域，人们对读书学习一事也开始以经济头脑加以权衡。他们把学费作为投入，把学成毕业走上社会，可以自立或挣钱养家作为产出，计算一下是否合算。

其次，职业评价的变化。过去认为只有升高中，上大学，读研究生，成为某一方面的高级专门人才，才是有出息、有前途、有水平，才能受到社会的敬重。现在看到，无论何种职业，只要有利于社会经济发展和社会进步，都是很有前途和受人尊重的。因此，改变了一味追求高等学历、高深理论，而是追求具有时代特点的新行业，如合资饭店、合资企业、信息公司，而对于一时难以见成效的基本理论的学习、研究不感兴趣。当然，其中对各种职业的经济收入高低也是职业评价高低的重要参考标准。

再次，竞争意识的深入。过去强

调社会主义优越性，人人都有一个铁饭碗，没有失业大军，出现了干多干少一个样，干好干坏一个样的不利于生产发展的局面。现在将竞争机制引入了各行各业，也使竞争意识深入千家万户。学生在初中毕业时，其本人及其家长都要细细作一番分析：学习潜力如何，升了高中后，能否在学习成绩上拔尖，从而在高中毕业后顺利考上大学。一些学生及其家长为避免学生在中考或高考竞争中不顺利，宁可寻找职业保障安全系数较大的中技、中专或职业高中。

最后，厌学思想的扩散。由于种种复杂原因，诸如商品经济发展过程中，暂时出现的文化知识贬值现象，合格师资数量不足，学生学业负担过重，以及教育经费不足，教育设施缺乏保证等造成学生对学习缺乏兴趣，缺乏内在动力，想早日就业，宁可工作后再进行各种业余学习。

凡此种种，一个中学生升学、就业的主观选择，除了某些客观条件的限制，是传统价值观与现代新观念之间相互交叉，相互作用的综合结果。

与家长的"代沟"问题

小涛出生在山东，自幼体弱。来北京上小学后，经常受顽童欺侮。他心里不服，暗暗立志：一定要练武强身！他起早贪黑，练了一段时期后，饭量增大，力气也大增。虽说人还是瘦小，但总觉得浑身有使不完的劲

儿。跟同学掰腕子，大个子也常败在他手下，慢慢地他得了个"瘦子力士"的绰号。从此，也很少有人敢再欺侮他了。尝到了甜头，小涛更爱武术了，可他父母却开始干涉了，说"练武有什么用？将来又不能靠它吃饭！念好书才是正经"。不久，小涛攒钱买的武术书不见了，双节棍兵器也找不到了。他多次问爸爸妈妈，可他们总是推说"不知道"。小涛就只能背着父母，在外面偷偷地练。

初中毕业后，小涛考上了本校高中重点班，但成绩居班里的下游。爸爸、妈妈对他的学习抓得更紧了，每当考试卷发下，他们首先关心的就是"分"，在班里排第几名。爸爸还多次用自己的例子教育小涛，说自己当初如何用功，才从农村考上大学，又如何刻苦，现在才在大学里站住脚，工作到现在。

就这样，小涛除了偷偷练武外，回家后，就将自己关在小屋。爸爸、妈妈以为他知道用功了，就很少唠叨了，小涛心里有事也不再多说了，连练武摔伤一事都没告诉父母。

小涛的平静与"用功"并没给他的学习带来转机。期中考试中竟出现不及格的科目。他担心父母的指责，害怕见到父母那怨恨、伤心的目光，也觉得自己太无能了被同学看不起……沉重的精神负担使他练武留下的隐伤发作，一下子病倒了。他终于失去了继续学习的机会，小涛与其父母都陷入了痛苦之中。

这是一件不该发生的事，如果父母能理解孩子练武的动机与兴趣，在尊重这种业余爱好的同时，提出学习要求；如果孩子理解父母望子成龙的一片苦心，在努力学习的前提下练武；如果父母较少指责、批评，与孩子有更多平等条件下的思想交流；如果孩子对父母有更多的信任，将练武受伤的真情告诉他们，使伤病得到及时治疗……这一串的"如果"之所以没有出现，就是因为父母与孩子之间存在着一定的隔阂。人们将此称为"代沟"。

所谓"代沟"是指两代人之间由于认识上的差异引起的情感上的隔阂，甚至行为上的对立。既然指两代人，就不只是指父母与子女，还泛指老一辈与年轻一辈，长一辈与小一辈，师生、师徒之间都可能存在"代沟"。

代沟是如何形成的呢？两代人由于各自的经历、阅历不同，他们在社会、家庭中所处的地位与所承担的责任不同，他们对社会中各种特殊事物的了解和认识不同，尤其是价值观的不同，形成对外界事物一定的观点与看法，表现出一定的喜恶、爱憎的情感。本来，客观事物之间就是有差异的，有差异就会有矛盾。差异、矛盾是普遍存在的，就是同代人也会有这种差异、矛盾，老山前线将士与后方的青年工人，青年学生与青年工人、农民、个体户之间都会有差异、有矛盾。这种矛盾没有提出"沟"的问题，却在两代人之间的矛盾问题上提出"沟"的问题，足见这种差异、矛盾的普遍性与严重性。

按道理说，不论父母还是教师，他们与学生朝夕相处怎么还会不了解？应该指出地理位置的接近不等于心理位置的接近。有一句成语叫"同床异梦"，这就是形容地理位置接近而心理位置疏远的现象。心理位置的疏远能使朝夕相处的人犹如陌路人；而相隔千山万水的知己，由于心理位置的接近，使"天涯"也"若比邻"。由此可见，要想防止"代沟"的出现，或填平已经出现的"代沟"，最有效的方法是心理上互换位置。青少年在听到成人提出的要求、批评、指责时从他们的角度想一想，这样也能帮助自己理解年轻人充满青春活力，要求得到发展的心理与行为特点。

事实上，两代人之间并非一定会产生"代沟"。鲁迅与柔石、冯铿、胡也频等一代革命青年之间就没有"代沟"，他们彼此理解，彼此支持；马克思和他的女儿之间也没有"代沟"，他们都为有机会在一起平等讨论问题而感到幸福；美国电视剧《草原小屋》中劳拉姐妹们和他们的父母之间也没有"代沟"，她们的父母就是她们最好的朋友和导师。

中学生中的许多苦恼，是认为成人的不理解他们所造成。如家长对异性同学赠送的物品、异性同学的来信或来访进行无端盘问，甚至做出私拆信件、当他人面训斥等不尊重人格的事；如节假日中学生想痛快外出玩玩，做了许多准备工作，却受到教师、家长的阻挠；浓厚的课余爱好被摧残；职业或升学志愿的选择受到粗暴干扰……他们从心底呼喊着：请理解我们，请填平两代人之间的沟壑吧！

其实成年人也是如此，他们为青年一代不理解自己而苦恼。如青少年将"恨铁不成钢"的苦心视作坑害、惩罚他们；将无微不至的照顾看作束缚他们的手脚，影响了他们的独立；将真心诚意的教育劝告当作唠叨，而不以为然……成年人也在抱怨，青年人太不理解我们、太不尊重我们了。可见，填平这个沟壑是双方的要求。

那么，让成年人和青年人一道努力填平"代沟"的方法就是互换心理位置，认真替对方想一想。

从心理看个性

重视青少年个性的培养和发展

在大千世界中每一个人都有属于自己独特的个性，那么，什么是个性呢？心理学认为，个性是指一个人稳定的、独特的、整体的精神面貌。一个人的精神面貌是非常复杂的，它既包括一切人所共有的心理特点：如每个人都有认识活动、情感活动和意志活动，都有自己的民族感情、文化传统和风俗习惯等，也包括每个人区别于他人的独特的心理特点：如有人视觉感受性高，有人听觉感受性高；有人形象记忆好，有人抽象记忆好；有人思维深刻灵活，有人思维肤浅呆板；有人富有同情心，乐于助人；有人情感内向，离群索居；有人坚强果断，有人优柔寡断；有人兴趣广泛，有人兴趣狭窄；有人谦虚谨慎，有人骄傲自满；有人勤劳，有人懒惰；有人志存高远，有人胸无大志等。所有这些共同的心理特点和独特的心理特点，便组成了每个人总体的精神面貌，也就是个性。共同的心理特点和独特的心理特点是紧密联系在一起的。共同的心理特点总是体现在每一个个体身上，而每个个体独特的心理特点，又是在共同心理特点发展的过程中形成的。人们平时所说的一个人的个性怎样，主要是指个性的独特性一面而言。由于人的个性独特性不同，俗话说，"人心不同，各如其面"，因此，人的个性表现千差万别，这就是个性差异。

青少年朋友们，许多在学业、事业上做出成绩的人，都有一个共同体验，那就是：人要有点精神。这个"精神"就是指的个性。人生价值的表现，主要决定于一个人个性精神的表现。个性顽强，对祖国和人民有所贡献，人生就有价值；饱食终日，无所作为，人生的价值就渺小。人生的价值绝不是用金钱可以衡量的，应以对祖国和人民有无贡献为尺度。要发展个性，在人生道路上实现自我价值，就必须挣脱来自内外部的束缚，摆脱旧我，铸造新我。扬弃自己个性中软弱无能的一面，志存高远，追求真知，在实践中锻炼自己，增长才干。这样，每个人都会在社会生活中，找到实现自己的理想和人生价值的最佳位置。

哥白尼曾讲过一句名言：人生的真正价值在于对真理的追求。一个人在发展中，要学会自己把住自己命运航船的舵柄，不向任何困难和偏见屈服。世界著名大音乐家贝多芬，早年失父，十七岁丧母，一生坎坷。三十几岁又失去听力，这对一个音乐家来说，无疑是个沉重的打击。但他不消沉，不气馁，直至去世，始终顽强地坚持生活和创作。他曾在给朋友的信中写道："我要扼住命运的咽喉，它妄想使我屈服，这绝对办不到……生活是这么美好，活他一千辈子吧！"

青少年朋友们，你们生活的时代远非贝多芬时代所可比。今天的时代，是科学、技术高速发展的时代，是社会主义经济腾飞的时代，她必然地要求人的个性进一步得到解放、完善、和谐与全面发展，以适应时代的要求。而社会主义制度又为你们开拓了个性发展的广阔前景，重要的是在实践中锻炼、塑造、完善自己的个性，像贝多芬那样，扼住自己命运的咽喉，不向困难、厄运、偏见屈服，走自己的路，你们都将会成为祖国有用之才。在此，也深切希望社会、学校和家庭，都来重视青少年个性的培养和发展，解除不必要的束缚、禁令、包办和关怀，让他们学会自己走路，自己设计自己，像雏鹰那样，去凌空展翅，锻炼自己的翅膀吧！

扼住命运中的机遇

相信大家都听过这样两句至理名言：机遇只偏爱那种有准备的头脑；机遇只垂青那些懂得怎样追求她的人。

所谓机遇，一般是指一个人在发展过程中，所遇到的良好的机会或境遇。比如，有的人在发展中，每到关键时刻，总能遇到良好的机会，成长顺利，事业顺心；有的人在前进中，岁月蹉跎，总找不到施展自己才能的机会，甚至烤熟的鸭子，又眼看着飞掉了。前者被称做"命运好"，后者被看作"命运不佳"。这种情况在现实生活中是常见的。有的人机遇好，仿佛在人生的旅途上总给他亮着绿灯，怀才能遇到伯乐，努力能受到赏识，如鱼得水，脱颖而出。有的人机遇差，几经风雨，几度春秋，几番磨难，几经周折，到头来，还是怀才不遇，到处碰壁。这是生活中的现实，我们应该承认这种现实。但绝不能把"机遇"看成是一个人命中注定的因素，把一个人的成败进退完全归结为"机遇"的有无。

生活中的幸运儿是极少数，对绝大多数人来说，机遇是平等的。一生之中没有机遇的人是极其个别的。东汉王充在《论衡》的《逢遇篇》中，曾讲过一位老翁终生"不遇"的故事：老翁年轻时，很有文才，想做官。但当时君主好用老者，未被选中；过了些年，"好用老"的君主去世了，新君即位。他寄希望于新君，然而新君却"好用武"，他的希望破灭了，只得改行去习武。待他习好武艺，准备一试时，这个"好用武"的君主又去世了，年轻的幼主登基。他又把希望寄予幼主，可是幼主在用人上却"好用少"，这时他已是皓首白发了，终于未能做成官。这位老翁真可谓是个一生不遇的倒运者。但是，读完这个小故事，静下心来，仔细想一想，不是可以从他的教训中挖掘出几点新的启示吗？人生的道路是宽广的，何必官迷心窍，非要在时运不佳的仕途上去碰壁呢？对新时代的青少年来说，成才的道路是宽广的，何必千军万马过独木桥，去重蹈老翁的覆辙呢？青少年在求学期间，就要打好坚实的基础，培养多方面才能，去适应社会的选择，行行有机遇，行行出状元，又何必一条道走到黑，为遇不到机会而叹息呢！

青少年朋友们，对前途要充满信心。对任何人来说，天生注定的命运都是不存在的。如果把命运理解为机遇的话，那么，在命运面前，人绝不是无能为力的。上述那些杰出人物所创造的业绩，并非因为他们交上了好运，他们的成功，在于他们都有一个有准备的头脑，善于捕捉机遇和艰苦努力。无论任何人，命运都是自己创造的，一个人的命运如何，主动权操在自己手里，要学会抓住自己命运中的时机。机遇只属于那些头脑有准备、有毅力的人，从来与哀叹命运的人无缘。如果没有准备，纵然千百次与机遇相逢，也会交臂而失。

青少年朋友们，如果你也有失去机遇的经历，请你不要哀怨和苦恼，更不要相信什么"生死生有命，成败在天"的邪说。那样只会使你背着沉重的包袱彷徨、叹息而踟蹰不前。重要的是武装、充实自己的头脑，磨炼自己的意志，以积极进取的精神对待厄运，满怀信心地去和厄运斗争，只要相信自己的力量，总有一天，你也会抓住向你走来的"机遇"。

气质和气质类型

王熙凤说贾宝玉是"无事忙"，可不是吗？他是荣国府上下的命根子，衣来伸手，饭来张口，没什么非得干的事。他鄙薄功名利禄，所以也无心读"圣贤书"，真说得上是"无事"的悠闲人。可是你看他整天闲不住，不是找林妹妹对诗，就是和众姐妹们猜谜，或是为"戏子"们分忧。有时竟忙得连正经的饭都顾不上吃。他真是一个活泼好动，喜欢与人交往的人。

林黛玉恰恰相反，柔弱易倦，喜欢安静。她愿意独坐沉思，时常能几个时辰地独坐窗前，凝视窗外，静听雨声，在处世为人上也显得十分孤僻。

贾宝玉和林黛玉在一举一动中表现出来的明显的不同特点，也就是我们日常生活中所说的"脾气"、"秉性"。心理学上把一般说的"脾气"、"秉性"的特点称为气质。所以我们说，贾宝玉和林黛玉的气质是很不同的。那么什么是气质呢？

如果我们有机会去妇产医院的婴儿室参观，就会看到刚刚出生的婴儿中，有的小胳膊小腿乱踢乱动，哭起来声音响亮；还有一些比较安详宁静，声微胆小。仔细观察一下，我们周围的同学，也很容易发现这种差异。有的人精力充沛，朝气蓬勃；有的人举止安稳，沉默寡言；有的人情感热烈，脾气暴躁，易动感情；有的人庄重冷静，情绪变化缓慢，如果遭到非难，虽然心里不高兴，也不会立刻爆发，人的这些特点都是气质的表现。

心理学认为，气质是人的典型的稳定的心理特征。它与由活动动机、兴趣、目的影响表现出的心理反应不一样，任何人遇到有兴趣的事总会情绪高涨，显示出积极性，对不感兴趣的事则产生厌烦情绪。因此，气质不是指偶然表现在心理活动和行动方面的特点，而是在内容完全不同的活动中总是显示着的自己特有的色彩。例如，一个易于激动的人在任何场合都难于控制自己的情绪，而一个沉静、稳重的人在任何场合都能心平气和、沉着从事。

根据气质在人身上的表现所划分的类型叫气质类型。古希腊的学者兼医生希波克利特最早研究这个问题，并提出了关于气质的概念。罗马医生兼解剖学家加伦把气质分为十三类，后来被古代医学界逐渐简化为四类，即胆汁质、多血质、粘液质和抑郁质。具有这四种气质类型的人，各自在行为上表现出不同的特征。

胆汁质的人：精力充沛、坦率、刚直、热情、果敢、情绪发生快而强、易于冲动、言语动作急速而难于控制，内心外露、急躁、易怒。

多血质的人：反应迅速，乐观、亲切，情绪发生快而多变、活泼好动、富于生气、善于交往，思维、动作、语言敏捷，注意容易转移，兴趣易变化，浮躁、轻率。

粘液质的人：稳重、安静、踏实，情绪发生慢而弱，内心不易外露，思维、动作、语言迟缓，注意稳定不易转移，忍耐力强，比较固执、淡漠。

抑郁质的人：细心、谨慎、温和、谦让，想象力丰富，感情体验深刻，情绪发生慢而强，行动迟缓，胆小、孤僻、忸怩、敏感、郁闷。

这四种气质类型及其表现特点曾被许多学者所承认，并一直沿用到现在。

气质虽然在人的实践活动中不起决定作用，但不等于说在各个实践领域中毫无影响，气质既可影响活动进行的方式，也影响工作效率，对人的身心健康也有一定的影响。研究和实践表明，具有特定气质的人对某些工作容易胜任，而对某些活动感到困难，也就是说某些气质特征往往为一个人从事某种工作提供了有利条件。例如粘液质和抑郁质的人较适合持久细致的工作，他们搞科学研究、修理精细的仪器等都会胜任愉快。多血质和胆汁质的人对需要迅速、灵活反应的工作较为合适，组织指挥，对外联系等不但是他们喜欢的活动，也是会出色完成的工作。有的职业对人的气质特征提出了特殊的要求，如果他们不具备该种气质特征，就很难卓有成效地完成本职工作。如对宇航员的选拔，就必须考虑他们是否具备顽强的耐力，经受住高度紧张而又具有极灵敏的反应特征。不具备这些特征就难于从事这项工作。

我们了解了气质特点及其对身心健康、选择职业的关系，这无疑会使我们重视认识和掌握自己气质的特点，并下决心发扬自己的气质中的积极方面，控制和约束自身气质中的消极方面的特点，以利于全面地发展自己，把自己培养成具有良好个性的人，实现自己的人生理想。

人生中至关重要的东西
——人格

什么是人格？在心理学中，关于人格的定义有上百种，经过美国心理学家阿尔波特认定与整理的人格定义就有 50 多种。在总结这 50 多种人格定义的基础上，阿尔波特最后认为："人格是个体内部心理物理系统的动力组织，它决定一个人行为和思想的独特性。"这一定义是现代心理学关于人格定义的综合。《中国大百科全书·教育卷》中将人格定义为："人格是个人相对稳定的比较重要的心理特征的总和。这些心理特征包括个人的能力、气质、性格、爱好、倾向性等。它们是在一定生理素质的基础上，通过社会实践逐渐形成或巩固的。"这一定义广泛地揭示了人格作为影响人的行为的重要因素之一，是个体自身的所有的内部因素的总和，它与环境的相互作用构成人的行为及其方式。

正因为人格是个体自身的所有内部因素的总和，所以人格在人的整个心理活动中占有极为重要的地位，对人的身心健康有着十分直接的影响作用。心理学和变态心理学的研究表明，一个在人格上有缺陷的人，其人际关系的协调性和社会适应能力都会受到严重影响，还会遭到更多的精神刺激，更容易遭受挫折，形成心理冲突和紧张状态。因此也就更容易诱发神经官能症、精神病等各种心身疾病。

祖国医学早已注意以不同人格特征的所患疾病，特别是所患心身疾病的关系。《灵枢·通天》曰："人有阴阳……盖有太阴之人、少阴之人、太阳之人、少阳之人、阴阳平和之人。凡五人志，其态不同，其筋骨气血各不等"。根据人的不同体型、素质和人格特征将人群分类并详细地指出他们各自在什么情况下易得什么病，在进行治疗时又应该怎样区别对待等。"斯人也，而有斯疾也"。可见我们祖先对于人的心身统一曾有过极细致的观察和研究，并有着极为深刻和独到的见解。

心理活动、行为方式和谐统一的人，称为具有完整人格的人。完整的人格是心理健康的重要标志。人格与心身健康是统一密切联系的。如心理健康的人胸怀坦白、言行一致、表里如一，所想的、做的是统一的；反之，言行不一，阳奉阴违，出现双重人格则是心理不健康的表现。

人格的形成受多种因素的影响，不仅和人的生物遗传因素有关，也受个人生活条件、教育条件、社会地位、实践活动等因素的影响。人格的异常是一种人格发展的内在不协调、动机和行为活动的异常，其形成可能是在某种遗传因素缺陷的基础上，受不良的社会文化因素的影响而造成人格发展上的病态或人格结构的破坏，也可能是由于神经、精神疾病引起的心理活动异常，从而导致了人格结构的不协调或偏离了正常人格，如精神病、癫痫、脑炎等都可以导致结构的混乱，引起正常人格的偏离。一个人本能、情绪、意向活动的畸形发展，会导致智能发展不足，引起高级情感活动发展缺陷，从而对情感情绪活动失去调节能力，成为一个放荡不羁、缺乏自制力、低级趣味和行为淫乱的人，这种人难以对周围环境刺激作出恰如其分的反应，而且倾向于病态反应。

人格障碍是一种变态人格，由于其人格异常而妨碍人际关系，甚至给社会带来危害；或者给本人造成精神痛苦；或者二者兼而有之，既害人又害己。青少年中的人格异常，基本上属于未定型期，只要采取有效的矫正措施，一般都可以得到改变。对有人格异常的学生既不能嘲笑和歧视，也不能放任自流。老师和同学要经常给予恰当的帮助和教育，使其发展人格中比较健康的一面，限制和消除病态的方面，以保证其人格结构向协调、健康的方向发展。

性格决定命运

中国有句成语"人心如面"，说的是人的思想、品质、行为和习惯犹如人的面孔一样，各不相同。《左传》讲"人心之不同，如其面焉"。在日常生活中，我们说这个人是利己主义者，那个人是集体主义者；这个人善良、温和，那个人粗暴、吝啬；这个人果断、坚定，那个人优柔寡断，易于张皇失措，这个人坦率、热情奔放，那个人孤僻、沉默寡言，这个人安静、审慎，那个人急躁、毛草，等等。人们正是根据这些经常性的、习惯性的表现，把人区别开来。文学家长于抓住人最本质、最具有代表性的性格特征加以描写，为读者塑造了一个个栩栩如生、有血有肉、跃然纸上、呼之欲出的人物。

心理学把表现在人的态度和行为方面的比较稳定的心理特征叫做性格。

人的性格具有不同的类型。根据

个体心理活动的倾向性，心理学把性格分为内倾型、外倾型和中间型三种。所谓内倾型，是指心理活动倾向于内部，这种人沉静、多思、反应缓慢，适应环境困难。所谓外倾型，是指心理活动倾向于外表，这种人活泼、开朗、善于交际。界于内倾型和外倾型之间的，称为中间型。生活中，属于中间型性格的人居多。不同性格类型的分类，对于因材施教，合理使用人才和预防某些心理疾病，具有重要的实践意义。

一个人具有什么样的性格，是由他的生活条件、所受的教育，以及所从事的实践活动的性质决定的。国外有人对一对同卵双生的女大学生进行了为期四年的观察。这两个女大学生外貌相似，素质基本相同，同在一个家庭里抚养长大，同在一个小学、中学和大学受教育，但在性格上她们却完全不同。姐姐比妹妹好交际，也比较果断、勇敢和主动。在谈话和回答问题时，总是姐姐先回答，妹妹表示赞同或作补充。后来，从她们的生活史上了解到，原来在她们小的时候，由祖母作了决定，征得父母的同意，在她们之中认定一个是姐姐，另一个是妹妹。从童年起，就责成姐姐照管妹妹。姐姐要对妹妹的行为负责，做她的榜样，带头执行长辈委派的任务。这样一来，从小就使姐姐形成了独立、主动、善交际、果断的性格，而妹妹却养成了追随姐姐、听从姐姐意见的习惯。

家庭对儿童性格的形成起着重要的作用。这种作用主要是通过儿童在家庭中所处的地位和家庭成员对儿童的影响和教育实现的。人一生下来，首先接触到的是家庭环境。童年、少年时代，大部分时间是在家庭里度过的。这个时期又恰恰是儿童最易接受影响，性格迅速形成的时期。每个家庭成员的职业、社会地位、经济收入、文化水平和道德修养，对儿童的性格形成都会有这样或那样的影响。许多独生子女之所以形成某些比较消极的性格特征，与家庭成员对他们的过分溺爱和放纵是分不开的。

一个人生活中经历过的重大事件，总要在性格特征上打上一定的烙印。受过重大挫折，或者受过教师严厉惩罚的学生，在心理上都会发生很大变化。日常生活中常常可以看到，一些受过错误批判的人，虽已改正平反，但他们仍比较孤僻、寡言、谨小慎微，过去那种敢想、敢说、敢做的爽朗性格不见了。因此，要把握一个人的性格，不仅要了解他当前的生活条件，还要了解影响他形成性格的环境的全部复杂性和多样性。

性格问题是心理学中最复杂的问题之一，目前对于性格的成因有着种种不同的理解和认识。近年来，国外有些学者试图揭示人的血型同性格之间的关系。他们认为，A 血型的人，可能比较理智和谨慎；B 血型的人，比较乐观和热情；O 血型的人，比较自信和坚定；AB 血型的人则比较怪癖和保守。还有人认为，性格与人体内含有的某种能够导致人的精神冲动的微量化学物质有关。他们的研究发现，由于血清素和去甲肾上腺素这两种化学物质在人体内含量比例的不平衡，导致了有的人脾气急躁，有的人脾气过于温和。他们对二十六个病人进行了有关的检查和化验，发现脾气急躁、容易冲动、富于挑衅心理的人，体内去甲肾上腺素的含量比血清素多；而脾气过于温和的人，体内所含的血清素过多。科学家们认为，这两种腺素的失调可以通过药物治疗使之恢复正常。然而，上述这些理论还有待于进一步的研究和证实。

人的性格是可以改变的。性格是在主客观的相互作用中形成，又是在主客观的相互作用中变化的。了解和掌握了性格形成和改变的规律，人们便可以通过调整、改变生活环境和自己的行为，自觉地克服不利的环境影响，培养出良好的性格。俗话说，"江山易改，禀性难移"，这是指人的态度和行为动型具有一定的惰性，并不是说人的性格不可以改变。要改变性格，一是要改变客观生活环境，这是性格改造的强大的外在力量；一是主观上的自我修养、自我教育和自我调节，坚持不懈的主观努力，这是性格改造的决定因素。俄国生理学家巴甫洛夫说："人是有统一的高度自我调节能力，能自我改进的一个系统。"人由于第二信号系统的调节机能，就能够在自己身上形成良好的品质，克

服消极的性格特征。自我修养有许多激发方式，如自我分析、自我控制、自我努力、自我鼓舞、自我誓约、自我命令、自我禁止、自我监督等等。其中自我监督是自我教育的一切激发方式的基础。当然，良好性格的形成，决非朝夕间事，而是要靠有决心，持之以恒方能奏效。

性格内向与外向

伴随着中学生精神世界的不断充实，有的学生常常会产生一种不可言状的孤独感。一个中学生写道："最使我苦恼的是，周围的人仅仅看到我的表面上的一些表现，他们冷落我，不理解我。我多么希望人与人之间的友好交往啊，他们为什么这样对待我呢？"这个同学希望人与人之间友好往来，交流思想情感，却因为不能实现这个良好的愿望而感到孤独。这是为什么呢？

心理学研究表明，由于遗传、环境和心理变态等多种因素的影响，使人的性格各不相同。按个体心理活动倾向于外部或倾向于内部来划分，有内向型和外向型两类性格。外向型性格的人一般表现为活泼、开朗、热情、善于交往，就像一团火；内向型性格的人则相反，一般表现为内心活动很丰富，好幻想、沉默、较孤僻，不善于交际。前边那位中学生的独白就是一例。虽然他内心热爱生活、渴望友谊，却因性格内向不易被人理

解，就像暖水瓶一样，里面虽热，外面给人冷冰冰的感觉。因此得不到真正理解而感到孤独。

一般来说，外向型性格的特征是，具有旺盛的精力，热情直率、有朝气、适应性强，易接受新事物等特点，所以人们往往愿意接近他们，同他们交往。内向型性格的人不善于交际，喜欢安静、独处、又沉默寡言，虽然遵纪守法、沉着冷静，却往往给人不好接近的印象。久而久之，人们就忽视了他们稳重、善于克制自己、忍耐性强、谨慎等优点而疏远他们。

性格内向的人都想摆脱孤独，这就需要进行心理调节。怎样进行心理调节呢？

首先，建立自强不息的信心。自卑往往是形成内向性格的重要心理因素。一个有自卑感的人，往往看不到自己的长处，更不能发现自己的真正价值，严重影响自己聪明才能的发挥。树立自强不息的信心，首先要克服自卑感，不迷信他人，不迷信天才，要相信自己的力量。一些杰出的人物也有喜怒哀乐，他们与一般人不同的是，在自信心似乎要丢失的时候，能紧紧地抓住它。高尔基说："你们应该培养对自己，对自己的力量的信心；而这种信心是靠克服障碍、培养意志和'锻炼'意志而获得的。"立志成才的青少年朋友，愿你不断增强信心！

其次，广交朋友，经常参加集体活动，交往时，应主动热情，克服羞怯心理。性格内向的人，应当选择性格乐观开朗、豁达中肯的人为知心朋友，这样通过性格的互补作用有助于内向型性格的改变。初次与人交谈不要胆怯，可以与对方的目光坦然接触，应寻求共同感兴趣的话题作为开端，随着交往的增多和加深，逐渐提高自己交往的能力。随着交往范围的扩大，时间长了，你会体验到与人交流、关注外界的乐趣，这样你的性格自然而然地就会发生变化。

再次，转移情绪，抛弃孤独和寂寞。首先要指出的是，世界上因性格内向而苦恼的人不少。他们都希望改变自己的性格，却常常苦于无从做起。当你感到孤独时，不妨采取以下办法进行情绪转移：内心郁闷不快，可以找知己谈一谈，以得到开导、启发，使郁闷的情绪得到释放。俗话说："一个好汉三个帮"。生活学习上的互相帮助，工作上的互相支持，往往可以帮你摆脱暂时的困境。可以出去走走，散散心，实现情绪转移。

最后，热爱生活，培养广泛的兴趣。首先要以乐观的态度对待生活，对待未来和前途。正确对待前进道路上遇到的困难或发生的不幸。要有接受批评的雅量，更应有自嘲的勇气，待人热情些，心胸开阔些，对别人言谈举止的失当，应持谅解、宽容的态度。其次是培养广泛的兴趣。一个性格内向的人往往注意内心活动，对外部世界的人和事注意不够，广泛的兴趣正是培养你对外界的注意和关心，对外界的事情注意多了，性格会在这种注意力转移中发生变化。参加各种集体活动，让环境诱变；丰富业余生活，让兴趣诱变。这样你完全可以变得开朗而豁达。

人的内向性格形成之后，要改变它是需要一个过程的，只要积极努力，持之以恒，就会见到效果。

性格外向的优点突出。但缺点不足也需要注意改正。比如外向型性格的人，精力旺盛但往往缺乏自制，易冲动，精力易分散，常犯肤浅的毛病；善交际，但情感体验不深，易草率从事，也需要加强性格修养，进行心理调节。

人的性格多种多样，大多数人的性格并不能简单地以内向外向来划分，有的人偏内向、有的人偏外向。偏内向的人，具有内向型性格的某些特征，自卑感虽然没有内向型的人那样强，但性格特点也会影响自己的工作和学习；偏外向的人，虽然精力旺盛、热情，但突然爆发的冲动也会使他们铸成大错。由此可见，无论哪种类型的性格，都有各自的长处和短处，都需要进行心理调节，培养健全的性格。

山外青山楼外楼——谦虚

"谦虚"是人生大厦上最难摘取的一颗明珠，也是人的精神财富中最宝贵的一颗明珠。因为只有谦虚的人，在心理上才永不自满，不断地去开拓、创新，以求得精神上的充实、事业上的进取。谦虚的人，总是像海绵一样不断地吸取新鲜的养料，追求新鲜的事物，以丰富自己的创造性。

谦虚是心理上自我意识成熟的重要标志，能够正确地评价自己和他人，表现为个人进取的不满足感。无数事实证明，越是有作为，积极进取的人，越虚怀若谷，从不自满。马克思、恩格斯如此，居里夫人、周恩来、华罗庚等人也如此，他们从不自吹自擂、居功自傲，更不计较名誉、地位和利害得失，总是那样谦虚谨慎，不骄不躁，堪称我们的榜样。

唐代有个著名的师傅，名叫齐己，诗写得很好，清新不俗，寓意深刻，耐人寻味，很有些名气。经常有人慕名而来，登门求教。一天，他写了一首《早梅》诗，其中有"前村深雪里，昨夜数枝开"两句。恰值诗人郑谷来访，看了诗赞不绝口，但沉吟片刻之后提出：既为"早梅"，诗中的"数枝开"则不能体现一个"早"字，不如改一个字，将"数枝"改为"一枝"，不知意下如何？齐己听后，叹服不已，拍案叫绝。于是侧身便拜，称郑谷为"一手师"。

这个小故事说明，不管是读书，还是做事都应该虚心好学，认真吸取别人的优点、长处。韩愈在《师说》中曾讲到："师不必贤于弟子，弟子不必不如师，闻道有先后，术业有专攻，如是而已。"师徒之间尚且如此，何况同学、朋友之间呢，就更应谦虚谨慎，相互学习。要摆正自己在集体中的位置。在某些方面有些长处或取得一时的成功，不要孤芳自赏，忘乎所以。天马行空，独往独来，绝少能取得成功。任何成功，固然是自己辛勤耕耘的结果，但千万不要忘记，自己的成功中也包含着前人、师长、父母等人的心血！要恰如其分地评价自己，要看到自己身上的缺点和不足。有道是："山外青山楼外楼"，"能人背后有能人"。一个人无论多么聪明能干，也不可能穷尽天下的学问，必然有许多事情是自己所不知道，所不能为的。在个人成长的道路上，会面临许多新问题、新挑战。

青少年朋友们，要做到谦逊，在待人接物上还要有真挚、平等的风度。就是说，在与人交往中，要平等相待，友好相处。不要把人分成三六九等，不管对方学习好坏、水平高低、从事什么职业以及远近亲疏，都要一视同仁。只要对方有优点，有长处，都要虚心学习，只要对方讲得有道理，批评得对，都要虚心接受。孔子就曾讲过："三人行，必有我师。"只有以平等、友好、真挚的态度待人，才能得到别人的信任和尊重。这样双方就能架起感情的桥梁，沟通人际间的心理，有利于相互帮助，共同进步。

锲而不舍，金石可镂
——坚持

中国古代思想家荀子在《劝学》中曾说过这样两句话："锲而舍之，朽木不折；锲而不舍，金石可镂。"意思是说坚持不懈地用刀子刻下去，即使是金石之物也可以雕刻成器；若雕雕停停，不能坚持到底，就是朽木也刻不断啊！荀子用这个比喻，劝导人们勤奋好学，持之以恒，不可半途而废。

这个成语所比喻的道理，就是心理学所说的意志的坚持性。意志是指人们为了达到一定目的，自觉地组织自己的行动，克服困难，坚持到底的心理过程。无论学业、事业，最忌虎头蛇尾、浅尝辄止，这样是不会收到任何成效的。俗话说的"只要功夫深，铁杵磨成针"就是这个道理。人在学业、事业上要想取得成效，不仅需要聪明才智、能力技巧，尤其需要顽强的毅力和坚持不懈的精神。

陆羽是唐代一位自学成才、知识渊博的学者。他成名后官府曾多次请他出来做官，但他都推辞不就，一心隐居著书。著有《茶经》、《南北人物志》、《源解》等数十卷，尤其《茶经》一书，是世界上第一部关于茶叶种植的科学著作，至今仍有参考价值。

陆羽是怎样坚定不移，自学成才的呢？原来陆羽是个弃儿，由和尚自河边拾来养大的。他自幼酷爱学习，无师自通。每天除打扫寺院，干各种繁重的杂活外，还要放几十头牛。尽管一天下来，十分劳累，但陆羽却始终坚持读书，不敢偷闲。习字无纸，他就借放牛机会，以竹代笔，在牛背上练习写字。和尚知道后，把他关在寺中不准读书。但他不因此而屈服，一天，他借机逃出寺院，流浪街头，寻机学习。后来，陆羽被一个戏班收留，一边学演戏，一边读书，终于成为一个著名学者。

青少年朋友们，你们从上面的小故事受到什么启迪？我想可以得到两点启示：

第一，中学时期正是人生的黄金时期，历史上和今天的成功者，无不在这个时期就立志发奋成才。敬爱的周恩来同志，就是在中学时期立下"振兴中华"的宏愿的。人生大厦的基础是在青少年时期奠定的。这个基础打得好坏，关系到人一生的发展。

我国著名桥梁专家茅以升爷爷有几句格言，我想应成为你们的座右铭："博闻强记，多思多问，取法手上，持之以恒。"博闻强记，就是不要囿于课本上的知识，要广学多问，不断拓宽自己的知识面，强化自己的记忆力。多思多问，就是说不要死读书，要多质疑探讨，勤动脑思考，不迷信书本、古人和权威，不人云亦云，要敢于反问、反思、创新。取法手上，是说要学用结合，把知识运用于实践，培养自己动手解决问题的能

力。持之以恒，则是指意志的坚持性而言，它是落实前三句活的关键所在。也就是说，要做到"博闻强记、多思多问，取法手上"，必须具有不怕困难，百折不挠，锲而不舍的顽强意志才能实现。古人说"业精于勤而荒于嬉"。

第二，人的坚强意志和顽强的生命力，往往是在逆境——困苦、挫折、失败中炼就的。因此，学会在逆境中铸造自我，磨炼自我是十分有益的。要知道，在学习和创造性活动中，挫折和失败远远多于成功，而成功的因素却总是孕育在失败之中，这是事物发展的客观规律。就是你解一道稍微复杂的数学题，也常常是在多次失误、试探之后，才会从中找到最佳的解题方法，更何况在科学和人生的道路上去探索、开拓呢？英国物理学家开尔文在总结自己的科研道路时说："我坚持奋战五十五年，致力于科学的发展。用一个词可以道出我最艰辛的工作特点，这个词就是'失败'。"

由上可见，培养个性的坚持性，学会在逆境和失败中看到成功的召唤，对一个人学业、事业的成功是多么重要。青少年朋友们，只要你们在人生的道路上，发扬"锲而不舍"的精神，都能成为生活中的强者。

永不放弃的意志力

"你挑着担，我牵着马，迎来日出

送走晚霞，踏平坎坷成大道，斗罢艰险又出发……翻山涉水看霜花，风云雷电任叱咤，一路豪歌向天涯……"

一听到这优美的歌声，在我们眼前立即映现出唐僧师徒四人你挑担，我牵马，历尽艰辛，长途跋涉，战妖魔，斗鬼怪去西天取经的动人画面。唐僧肉眼凡胎，不会腾云驾雾，不会七十二变，他的本事比不上他的任何一个徒弟，但他却是这支队伍的主心骨，他的几个徒弟纵有百般本领，但都在不同程度上有过动摇，唯有唐僧始终没有过丝毫的动摇。正是他的不到西天取回真经誓不回头的信念和决心，路上不为妖魔鬼怪的金钱美女、富贵舒适的生活所诱惑，不为魑魅魍魉的酷刑残害所屈服，心坚志诚，凭着顽强的意志取回了真经。可见坚强的意志能够使人战胜一切困难取得成功。

心理学家曾经说过："个人的意志品质属于最重要的品质之列，在人所做的全部伟大的和英雄的事业中。在人的最伟大的成就中，意志品质始终起着重大的作用。"意志是实现确定的目的，根据这种目的来支配、调节自己行动的心理过程。意志是任何人完成任务，成就事业所必须具备的主观条件。行动是意志的外部表现，意志是内在的精神力量。

无数事实证明，一个人在事业上取得成就仅有聪明才智是不够的，还必须有坚强的意志。所以有人说，奋斗——事业的大门，勤奋——成才的

秘诀，毅力——成功的通途。事实正是如此，意志对青年学生的成长，以及一生的学习、工作或事业的成败都具有很重要的意义。在大体相同的环境与教育条件下，意志坚强的儿童，学习成绩较好，智力能够得到较高的发展；意志薄弱的儿童，智力就难以得到充分的发展，成绩也较差。美国心理学家特尔曼从 1921 年起对 1528 个智力超常儿童的成才情况进行了系统的追踪研究达 50 年之久，对其中的 800 名男性中成就最大的 20% 和成就最小的 20% 进行对比，发现意志品质的不同是其中最重要的差别之一。成就最大的人具有不屈不挠、自信进取心强、坚持性等意志品质。我国关于超常儿童的研究也表明，认真和顽强的锻炼使他们超常的智力得到了较快的发展。如广西小画家程升涛，五岁开始学画，天天坚持练，每天至少画三四幅画，节假日也从不间断，两年中已画了一千多幅。超常儿童的智力发展和成绩是与他们认真刻苦、自制力强、有勇气、有坚持性的良好品质分不开的。

培养意志力是少年朋友面临的重要任务之一。那么，如何才能使自己具有坚定的意志力呢？首先学习内容要求我们要比过去花费更多的力气，发挥更多的独立性和负责精神。其次，生活环境更广阔了、复杂了，接触的信息猛增，面临着外界的干扰和各种诱惑。再次，成年人希望我们变得更成熟些、做更多复杂一些的事

情，体现出大孩子应有的较高的组织性、纪律性、负责精神和自主意志。

然而，因为刚刚进入少年期的同学感情往往胜过理智，所以，生活的要求和我们自身的能力之间存在着矛盾。例如，当要决定温习功课还是继续看电视时，有的同学往往会不自主地为继续看电视找出各种理由："这个节目很快就演完了"，"明天老师不一定提问我"，"明天早自习准备也来得及"等，这说明少年时期在决定"应该做"，还是"愿意做"的问题时，有激烈的思想斗争，由于意志不够坚强，强烈的感情往往妨碍做出理智的决定，预料不到由于自己的心理和生理状况而引起的行为后果如何。像刚才讲的，把应该现在做而不愿做的事往后拖，或干脆取消，却没想到明天早上还有明天早上的事。越不愿干越往后推，积压越多，欠账越多，最终还不清。确实任何一个人要实现自己的某种取得成功的打算并不是容易的。他很可能碰到各种自身以外的影响和干扰，这就需要少年朋友正确认识到"学生"就是自己在社会生活中的地位和社会面貌，珍惜自己的"学生"称号，真正弄懂学校生活、学习任务对自己前途的作用，明确自己在未来生活中的地位，从小就培养对社会、对家庭的义务感和责任感，培养坚强的意志品质。

疾风知劲草——顽强

俗话说，"疾风知劲草"。在《后汉书·王霸传》中，记载着这样一个故事：在西汉末年，刘秀起兵抗王莽，部队经过颍阳时，有个叫王霸的人带领着一帮朋友去拜见刘秀，要求入伍，受到刘秀的欢迎。王霸入伍之后，忠心耿耿，干得很出色，得到刘秀的信任和重用。但刘秀的部队渡过黄河以后，由于战事不顺利，许多人都逃跑了，同王霸一起入伍的人只剩下王霸一个人了。刘秀很感动，对王霸说："颍川从我者皆逝，而子独留努力，疾风知劲草！"后来，"疾风劲草"便成了一句成语流传至今。"疾风劲草"意思是说，只有坚韧的草，才不会被猛烈的风吹倒。现在常用来比喻在严峻考验下，矢志不渝，顽强拼搏的强者。

顽强性是在正义的行动中不畏挫折矢志不移的性格特征。古今中外的创业者和杰出人物取得的每一项成就，哪个不是在伟大目标指引下，不畏挫折、历尽艰险、坚持不懈地追求取得的？李时珍府试三次落选而写《本草纲目》，蒲松龄屡应省试失败而著《聊斋志异》，司马迁身受宫刑而完成《史记》，奥斯特洛夫斯基病残后写成《钢铁是怎样炼成的》，方志敏在狱中写成《可爱的中国》……

心理学研究表明，一个人在确立目标付诸行动时，就展开了动机斗争，权衡各种动机的利弊，最后作出正确的选择。在动机斗争中也就是思想斗争中，有的人能及时作出决定，有的人要经过较长时间的斗争以克服内部障碍。同时在行动中除同内部的矛盾斗争外，还需要与外部环境中的各种困难、阻力进行斗争。这个时候有的人满怀信心，知难而进，百折不挠，遇到挫折和失败，总结经验教训，重新振作精神继续前进，挫折使他们变得更坚强。例如李时珍在三次府试失败之后，决心钻研医学，他对父亲说："身如逆流船，心比铁石坚，望父全儿志，至死不怕难。"他不但知难而进，而且立志为医学研究"至死不怕难"。正因为如此，他才做到不畏挫折，历尽艰险，终于在 61 岁时写完初稿。有的人则相反，在顺利的环境中能坚持前进，遇到困难就畏首畏尾，甚至在挫折面前悲观厌世，一蹶不振。这显示了坚强与懦弱两种截然不同的性格。

那么怎样锻炼自己成为一个有顽强性格特征的人呢？

首先，要勇于正视现实生活中遇到的困难和挫折，克服侥幸心理。一旦遇到困难和挫折，一是不怕，二是正确对待。要培养自己知难而进，不畏挫折的坚强性格。遇到困难和挫折要积极想办法去战胜它，挽回损失，让自己在同挫折的斗争中成熟起来，坚强起来。

其次，要树立远大的理想，也就是为自己确立明确的生活目标。既要有长远目标，又要有近期目标。长远目标是事业奋斗的方向，是引导生活航船的灯塔，而长远目标又要从近期目标的实现中做起。每一个近期目标的实现，都会激发起强烈的兴趣和热忱，产生巨大的动力，推动人去为长远目标的实现而不懈地努力。

第三，要扩大自己的生活范围。顽强的性格特征是在丰富多彩的生活实践中磨炼出来的。各种科技活动、社会实践、公益劳动、文体活动等，都可以增长人的智慧，锻炼人的勇气，培养人的性格。如体育锻炼，人人都可以做，但有的人无论春夏秋冬，天天锻炼，持之以恒。有的人却三天打渔，两天晒网。要培养自己不怕困难，不畏挫折的顽强性格特征，就要从一点一滴做起。

自信的力量

中国有句俗话，叫"兵败如山倒"。意思很明白，比喻两军交战，一旦一支军队打了败仗，往往会像雪崩山倾似的，分崩离析，溃不成军，一发而不可收拾。这就像玩多米诺骨牌一样，将牌按一定间距摆成一个矩阵，只要推倒一张骨牌，就会很快地引起连锁反应，瞬间，所有骨牌便会一个个被撞倒。

中国历史上有个著名的战役，叫"淝水之战"。秦王苻坚率 90 万大军攻打东晋，在淝水一带，被兵力只有他 1/20 的晋兵打得大败。结果苻坚及其将士惊恐万状，望风而逃。真可谓风声鹤唳，草木皆兵。这个战例所记述的秦国几十万大军，争先恐后，竞相逃跑的场面，恰恰是心理上的"多米诺效应"。这种效应在生活中也是屡见不鲜的。一支球队被人家打得大败，心理上没有受挫的准备，往往连战连败，一蹶而不振，这就是人们常说的，缺乏心理训练。同样一个人在遭到失败时，有时也会出现"多米诺效应"，觉得自己一切全完了，像泄了气的皮球似的灰心丧气，再无斗志。

当你在某种事情上遭到挫折、失败或不幸时，要警惕这种心理上的"多米诺效应"出现，防止它摧毁你的精神防线。在生活中凡是被"多米诺效应"罩住的人，大多是由于丧失信心或信心不足所致，往往很容易被挫折、失败所吓倒。信心是个性的良好品质，精神防线的忠实卫士。信心越坚定越充足，你的精神防线就越牢固，越不易被摧毁。如果你们细心观察一下就会发现，在你的周围有些人，不是没有雄心大志，也不是自甘落后，没有进取的热情，但往往不能把美好的愿望化为行动，白白地让时光在身边一分一秒地流逝过去，到头来还是一事无成。什么原因呢？问题就出在缺乏坚定的信心上。一遇挫折，就埋怨自己的命运不好，不相信自己能干出一番事业来，不相信自己的能力。

当然，信心不是万能的。事情不会因为你有信心，困难就减少，失败就不降临。然而，信心却是激励人去进取的强有力的心理动力因素。信心是一种精神力量，它可以使你藐视困难、战胜邪恶，鼓励你集中全部智慧和精力去迎接各种挑战。具有坚定信心的人，胜不骄、败不馁，能够保持清醒的头脑。一个人在困难面前垮下来，首先是精神失去了支撑力。精神不垮，是一切事业取得成功的重要保证。

生活的道路是宽广的，如果你在学习或生活中遇到什么挫折，发生什么不幸，万不可怨天尤人，垂头丧气，自我解除精神武装。埋怨和无能、苦恼和泄气往往是同步增长的。越是埋怨，越找不到克服困难的办法，越是苦恼，越缺乏进取的勇气。重要的是振作精神，冷静思考，去寻求新的努力方向加以补偿。有人因脑子差而自愧不如人，有人因身体有残疾而悲观失望。其实大可不必。尺有所短，寸有所长，人不能妄自菲薄。美国有个黑人画家，四肢瘫痪，但他不甘心无聊地打发日子，决心学习绘画，手不能动，就用嘴咬住笔作画，经过刻苦练习，终于学会画画。我国的张海迪身体也有严重残疾，但她通过自身刻苦的努力，补偿了身体上的缺陷，取得了突出的成绩。

总之，失败、挫折并不可怕，可怕的是在遇到挫折、失败时失去信心，精神防线被摧毁。要相信人是有巨大的潜力的，关键是要善于挖掘自己的潜力，发展自己之所长，去弥补自己之所短，那么，你总会在人生的乐队中找到合适的位置，从而在人生的乐曲中，奏出美好的旋律。

做情绪的主人

一个正直、坚强的人，在学习、生活及事业中，从来不抱幻想，不畏挫折，而是通过自己的努力和进取精神，去实现自己的愿望和理想。一般说来，青少年都具有旺盛的进取心，都想在自己的学习、工作中取得一定成就。然而，为什么有的人开始时抱负很大，热情很高，而过了一段时间后，便渐渐地丧失了热情，放弃了追求呢？这是因为要进取，要发展自己，难免会遇到这样那样的挫折，也就是说会遇到失败和碰壁。这时有的人往往会产生一种失落感，被一种消沉的灰色的情绪所笼罩，渐渐变得心灰意懒，甚至破罐破摔起来。心理学把这种个体从事某种有目的活动，受到阻断、打击、干扰或失败时所表现出来的情绪状态，叫做挫折心理。比如作战屡吃败仗，学习中总尝不到成功的喜悦，比赛时总遭失败以及工作不顺心，人际关系不和谐，中考高考落第等，这些不遂人意的事，积累起来都会使人产生挫折心理，失去信心，情绪低落。若不能及时调节，设法渡过难关，会渐渐磨掉人进取的锐气。可见，学会控制自己的情绪，做自己情绪的主人是多么重要。

心理学认为，挫折之所以容易产生消极情绪，是因为挫折常常会使人的心理失去平衡，破坏人们对目标实现的信心，以及削弱目标对满足主体需要的意义。这时，人在心理上就会产生一种紧张、不安和焦虑的心情，从而激起情感上的波澜。一个性格软弱的人，如果不能及时平息这种情绪的干扰，就极易引起个人对命运的屈服和自我能力的怀疑，从而失去进取的勇气和热情，陷入萎靡不振的魔力圈。

那么，怎样学会做自己情绪的主人呢？

首先，要正视现实，做生活的强者。只有正视现实，才能理智地对待挫折。挫折无非是行为结果的碰壁和失败，这是人生奋进中难以避免的，无须懊恼和沮丧。一个要在学业、事业上有所作为的人，总会遇到这样或那样的失败和挫折，可以说在通往成功的路上总是和挫折相伴而行的，问题是怎样对待挫折。弱者往往屈服在挫折和失败的脚下。而强者却常常从挫折和失败中吸取教训，进行反思，从而不断地完善自我，创造条件或修正目标，另辟蹊径，最后，总会找到出路和成功的钥匙。中外无数成功的事实证明：挫折和失败是成功的前奏，谁能经受住挫折和失败的考验，谁就能到达成功的彼岸。世界瞩目的中国工农红军二万五千里长征，战胜敌人的围追堵截，跨越千山万水，爬雪山，过草地，历经千难万险，终于胜利到达陕北，领导中国人民取得了抗日战争的伟大胜利，显示了中华民族顽强不屈的精神。19世纪初，匈牙利数学家亚诺什，在创立非欧几何时，经历了种种挫折和打击：父亲认为他异想天开，老师丢掉了他用心血写成的手稿，当时的大数学家高斯对他的研究也持完全否定的态度，可以说是孤立无援。而他个人的境遇更是不佳，先后被疟疾、霍乱等病魔缠身，搞得他身体十分屠弱。他以顽强的毅力忍受着病痛的折磨，继续苦心研究。谁知车祸又向他无情地袭来，致使他身体残废，卧床不起。正当他需要人陪时，又被无情的父亲赶出了家门。然而，在如此恶劣的境遇、如此沉重的打击下，年轻的亚诺什却仍然没有放弃自己追求的目标，没有向厄运屈服。功夫不负苦心人，亚诺什终于战胜了一切挫折，成功地创立了非欧几何学说。

其次，要树立革命乐观主义精神，保持良好的心境。心理学研究表明，情绪具有两极性：乐观、愉快、热情、自信的情绪会使人产生积极的心境。这种心境可以起增力作用，使人精力旺盛，思维活跃，注意力集中，记忆深刻，对未来充满信心和希望。而苦恼、忧郁、悲伤、烦闷的情绪常常会使人产生消极的心境。这种心境可以起减力作用，使人意志消沉，思维呆板，注意力涣散，记忆力减弱，精神不振，对未来失去信心和希望。因此，保持良好心境，克服消极心境是非常重要的。

总之，要做情绪的主人，就要修身养性，培养坚强的性格。胜不骄，败不馁。大丈夫能伸能屈，屈时，即当你处于逆境时，要耐得住；伸时，即当你处于顺境时，要冷静地抓住时机，有所作为。伸中有屈，以屈求伸，才能变压力为动力，化消极为积极，又何愁学业不进步，事业不成功呢！

关注内心情感世界

相传塞浦路斯国王皮格马利翁擅长雕刻，他倾注全部心血雕成了一尊象牙的少女像。后来，这位国王深深地爱上了台座上的少女像。经他恳求，爱神把塑像变成真人以满足他的真诚愿望。这是一个希腊的神话故事，它要告诉我们的，当然不是象牙雕像会变成活人，而是说一个人的真诚的、强烈的情感能使理想变成现实。也就是我们平时所说的，"精诚所至，金石为开"。

丰富而健康的情感是人的精神生活得以高度发展和多方面发展的必要条件。凡是缺乏丰富而又健康的情感的人必然会在生活方面表现得死气沉沉，枯燥无味，相反，凡是有丰富而又健康情感的人，必然会在生活方面表现得生气勃勃，兴致盎然。崇高的情操使身患高位截瘫的张海迪在时刻与死亡搏斗的同时，学会了几国外语，翻译小说，掌握多种技术，为群众治病、修理电器。她有许多朋友，她的生活是丰富多彩的，充实快乐。有的人虽然有健康的肌体，但一无所好。既不喜欢文体活动，也不喜欢和人交往；课内无心学习，课外学习也无兴趣；生活内容单调，生活范围狭窄。这样的人不但不能体会到丰富精神生活的趣味，而且也不能具有健康的体魄和充分发挥工作的效能。因此，为了充实自己的生活内容，提高工作、学习效率，就必须努力使自己具有丰富而健康的情感。

情感在人的工作和学习方面也有重要的意义，如果一个人在学习的过程中，冷漠松懈而缺乏高度的热情和最大的紧张，那么他绝不可能收到理想的效果，更不可能取得突出的成绩。任何成绩都是忘我劳动的结果，而忘我劳动离不开高度热情和最大的紧张。

就拿我们学习知识过程来说吧，情感在其中始终起着很大的作用。丰富的情感可以增强认识过程的积极性，减少疲劳性。气象小组的同学由于对工作的高度责任感和对气象学的兴趣，不管刮风下雨，春夏秋冬坚持气象观测，他们并不感到厌烦和疲劳。速算家史丰收，从小学三年级就开始研究速算法，废寝忘食。这种体会我们每个人都有。当一段时间内的有关事物引起人的愉快情感时，那么人就会觉得这段时间过得很快，相反，如果一段时间内有关的事物引起了人的不愉快的情感，那么我们就会觉得这段时间过得很慢。从记忆来看，凡是使人体验到生动强烈情感的内容我们就记得清，记得牢。例如，我们做过的一个实验，或组织的一次

活动特别有兴趣，特别成功，或受到了表扬，我们会记得很清楚，很长时间以后，仍然可以很细致、准确地回忆起来。这就是人们总要说起"当年勇"的原因，对胜利念念不忘。而那些给我们造成痛苦的事情，也因情感强烈生动而想忘也忘不了，经常不由自主地在脑海里浮现出来。相反，凡是不能令人体会到生动强烈的情感的客观事物就不容易使人们识记和保存，而很容易忘记。所以对学习有高度的责任心和兴趣都会增强记忆、学习效果好。情感对于想象也有重大影响，情感起到了激发起想象的作用。

人非草木，孰能无情。人都是有情感的，但人的情感能否对他的实际行动发生鼓舞作用却不一样。有些人情感非常强烈，而且显著的形之于色，可是他们的这种情感对于他们的实际行动却不能发生积极的作用。我们看到有的同学经常对某一事情或活动表现出极大的热情，但不能见诸行动。如有的同学刚一学英语时非常喜欢，热情很高，但却不肯多念、多记，虽说喜欢英语并没学好。有的同学喜欢上体育，但只是喜欢活动却不能练就一门技巧。有些人的情感是非常平静的，而且极为含蓄，可是他们的这种情感却能对他们的实际行动发生激励作用。有的人多情善感，但经常陶醉于自己的情感和表白自己的情感，不能把自己的情感化为实际行动的力量。有些人是严肃冷静的。他们既不乐于玩味自己的情感，也不肯表

白自己的情感，但他们把自己的情感投到实际行动中有效地表现出来。这时候情感所致就会产生巨大的力量，就会产生开始时我们谈到的象牙雕刻的少女走下台座来的效应。可见有丰富的和强烈的情感不一定就有效，情感的效果性决定于情感能否与行动结合起来，同时还决定于情感的倾向性、深刻性和坚定性。

如何看待性格叛逆

从小到大谁没有闹过别扭?

小时候，在商店柜台里看到玩具火车，要求爸爸买，爸爸没买，就赖在地上哭着不走;快吃饭了，却想吃巧克力，妈妈没给，就闹着不吃饭;老师愈要求大家举手发言，愈是故意低着头小声嘟囔，让老师只听见声音找不到人……这类事情多得很。

现在长大了，这类孩子气的别扭不闹了，却不等于不闹别扭了。老师要我们不要说话，好好上课，好，我不说话，看课外书，反正不影响别人;学校不允许我们跳街舞，我们不在学校跳，而在家里跳……

可见，闹别扭就是做出与成人、与社会要求不符的或相反的事。

为什么会闹别扭? 其心理原因是什么?

(1) 不合需要。孩子有多种多样的需要，要吃、要穿、要玩、要成人的爱抚……当自己这些需要得不到满足时，就可能闹情绪，闹别扭。

青少年的需要已有了发展，除了知识经验的积累外，与童年相比，多了一种成人感。有了成人感，就想做成人能做的事，想受到成人的待遇，不愿像孩子一样受人支配，受到限制。有时，并不是认为家长、老师话语内容不对，而是由于他们对自己提出要求时的态度、方法不符合自己的尊重的需要，伤害了自尊心。例如，学校和社会对中学生谈恋爱均持否定态度，有的教师为了使学生专心学习，一旦发现男女生有"亲近"的行为，就要反复强调早恋的危害，三令五申不准谈恋爱。有些中学生本不想谈恋爱，也还不知什么是恋爱。只是在一个班级共同学习生活中，有几个更为合得来的同学，其中可能就有异性。当纯洁的友情，被误解为爱情时，他们的自尊心受到了伤害，有的就会干脆任其发展，弄假成真。

(2) 认为成人要求不合理。这是青少年与成人认识上的不统一造成的。这种不统一，常是由于两者看问题的角度不同，价值观不同，思维方法不同造成的。

以读书、学习为例。老师强调知识的重要，这是不言而喻的。多数家长也都希望自己的孩子能多学点知识，将来有利于建设国家，也有利于个人发展。但有些学生从商品经济发展过程中某些现实发现，从个人收入看，知识多的不如知识少的，学历高的不如学历低的。于是老师、家长愈是强调知识的价值，这些学生就愈反感，愈不想将艰苦劳动耗费在这种没有多大价值的学习上，有的自行决定辍学经商，有的坚决要求退学就业。

其他诸如对摇滚乐，街舞，牛仔裤、超短裙之类的看法，也可能不尽相同。

"摇滚乐太闹了！"

"不，它表现了竞争时代的高旋律，使人振奋。"

"街舞易伤身体。"

"不，它的难度大，集舞蹈、杂技、体操于一身，太来劲了！"

"牛仔裤影响发育，超短裙有碍风雅。"

"不，这才能勾画出年轻人的优美线条，显示出青春活力。"

这类不同的观点导致青少年对成人要求的抵制反抗。

（3）对成人提出要求的动机产生怀疑。一般来说，成人都是出自善意，希望孩子健康成长提出种种要求或作出种种规定的。由于前面已提出过的"不合需要"或"认识不一致"的原因，有的青少年会对提出要求者、制订规定者，以及"执行者的动机产生怀疑。如认为课堂常规、考勤制度是要卡我们学生；不许留长发，不许穿高跟鞋是扼杀我们爱美之心，于是阳奉阴违，找着机会就钻空子。

（4）出于好奇心。好奇心、求知欲也能产生反抗心理。好奇心、求知欲都是想去认识目前自己尚未了解的事物，好奇心具有某些盲目性，缺乏明确目的；求知欲是比好奇心更深一层的认识事物的内驱力。它们在科学研究、创造发明过程中是十分重要的。被选定为首届全国青少年航天科学实验项目"控制航天飞机舱内垃圾"方案设计者，兰州第十四中学学生王念庆就是好奇心、求知欲很强的一个。

但是，有些青少年的好奇心、求知欲强，不守旧，不受大人束缚，并不表现在科学研究理智的探索上，而是愚昧地猎奇，盲目地探新。社会上批判什么文章，老师家长不让看的手抄本，就千方百计去寻觅，去转抄。成人越想禁止青少年抽烟喝酒，越是想尝尝烟酒是什么滋味。有的青少年出现性犯罪，也是出自这种好奇。

由此可见，具有反抗心理本身并无所谓好坏，这对已有一定独立性、批判性的青少年来说完全是正常健康发展中的心理现象。问题是反抗、批判、求异的指向性问题。正因为青少年的社会阅历浅，知识还不够丰富，辩证思维未得到充分发展，对问题的分析、辨别还有一定的片面性，因此，仅仅依据是否符合自己的需要和已有认识去作为正确错误的辨别标准，决定自己的行动以及行动的方式是不够的。如果明知成人的要求是正确的，却出自己不正当的需要，包括虚荣、享乐、发泄而明知故犯，这完全是错误的。有的可能就此走上邪路，做出有害于社会的行为。

因此，作为青少年如何充分利用自己不迷信权威、不墨守成规、初生牛犊不怕虎的心理优势，克服知识经验不足、理论思维能力弱、独立判断力差、情绪容易偏激等心理弱势，就一定有所作为的。这里当然首先要学习，要调查研究，要认真思考、克服盲目性。

青少年的需要

什么叫需要？需要是人对某种事物的渴求而力求得到满足的一种心理状态。人们口渴，需要饮料；肚子饿了，需要进食；天寒，需要穿衣；还有延续后代的性需要。这些，我们把它叫做生理需要。

每个人都生活在社会中，人们就需要劳动，需要学习，需要与人交往，需要得到信任、友爱，诸如这些与满足社会生活联系的需要，叫社会需要。

人们的需要是分层次的。青少年有哪些需要呢？有人认为，青少年的需要有五个层次。

（1）生理需要：青少年是长身体、发展智力的时期，需要增强身体的饮食和舒适的穿着。青少年是性逐渐成熟的时期，开始产生朦胧的性意识和性需要等。

（2）安全需要：这时期的青少年渴望有个较好的家庭养护他们，理解他们，提供上学，实现理想的机会。期望有个良好的和谐的生动活泼的集体，成为他们发展能力，展示才华的庇护所。

（3）社会的需要：随着青少年逐渐趋向成熟，知识经验积累，智力水平的不断提高，他们的"成人感"油然而生。这时期的青少年渴望家长、老师能认识自己，理解自己，平等地对待自己的独立的需要。与成人疏远的同时，却增强了同龄人结成伙伴的关系，从伙伴中得到平等的、独立自主需要的满足。

（4）自尊的需要：强烈的自尊心是青少年的特点，他们要求家长、老师、同学尊重自己，信任自己，有自尊和他尊的需要；希望自己的学习和能力得到同学、家长、老师的承认和赞赏的需要；希望有被所在班级、伙伴接纳、参加集体活动的需要。

（5）自我实现的需要：青少年有发展自己、努力学习、刻苦钻研、获得优异成绩实现自己理想的需要；有积极参与课堂讨论、参与各种课外活动、在活动中表现自己能力的需要；有升学或就业，为社会做出贡献的需要。

青少年学生是消费者，他们的物质需要受到家庭经济的制约，与满足物质需要有着实际距离。青少年学生的主导需要是学习人类文化遗产、为社会做贡献的准备时期。合理的需要应该得到满足，但不能一味地追求吃喝玩乐、穿着打扮、与人攀比。更不能以不正当的方式来满足自己强烈的物质需要，驱使自己去偷窃、抢劫、诈骗，这是国法所不容的。

随着年龄的增长，对父母、老师

的依赖逐渐减少，自理、自立、自强的愿望日趋增强。这时期的青少年容易拒绝父母的督促、教育和影响。另一方面，好奇心强，社会适应能力未成熟，辨别是非能力不够，模仿力强。这样，就容易按自己的理解，不加选择地接受电影、电视、报刊、杂志、书籍里的东西，接受社会各种思想的影响。如何正确地处理独立性的需要与社会适应能力不够的矛盾，是摆在青少年面前的问题。

青少年喜欢和自己兴趣、观点、性格相投的人一起结成伙伴，彼此相互沟通，相互勉励，或者相互扯后腿。有的心理学家用"近朱者赤，近墨者黑"这句话比喻相互影响的作用。道出了好伙伴好影响，不好的伙伴往往使青少年为"友谊"荒废学业，有的甚至为朋友"两肋插刀"，做出偷窃、打架斗殴、抢劫、杀人的蠢事，后悔莫及。

"生亦我所欲也，义亦我所欲也；二者不可得兼，舍生而取义者也。"这句话说的是强烈的生理需要与崇高的精神需要之间的选择，是高低需要之间的选择。我们无数的先辈为了祖国和人民，选择了后者。青少年应该把对社会、对祖国、对人类做贡献作为己任，把自己培养成为具有某一专门的人才，成为能工巧匠作为自己的主导需要。并以获得这种满足而付之行动，发挥潜在能力，做个自我实现的人。切莫做胸无大志，只贪图眼前实惠的短视者。

"我"是谁

开学了，一个新的班集体刚刚诞生，为了同学间尽快地相互了解和相互认识，班委会组织的第一次活动是：《我是谁?》主题班会。黑板上的美术字《我是谁?》鲜明突出，全班同学经过认真准备以后围坐在教室里，开始自我介绍。

"我叫王芳，是一个热情、大方、性格开朗的女孩子。我喜欢读书，特别是古代历史书，我希望将来自己能当个考古学家。"

"我叫马林，连续三年的三好学生，今年以优异的成绩考入本校。我喜欢看体育竞赛，我认为社会的发展是在不断的竞争中前进的，人也是如此。我将来要做一个研究航天技术的科技工作者。"

"我叫王文，最讨厌别人起外号，人们之间要和平相处，因此我最喜欢和别人一起探讨关于国际和平问题。"

这些有趣的各式各样的回答都是在介绍自己，向介绍别人似的，把自己作为一个客观的对象来介绍。这种对自己的认识和评价就是自我意识。

自我意识也称自我，是一个人对自己存在的认识，对自己生理状况（如身高、体重、体形、相貌）、心理特征（如兴趣爱好、能力、性格、气质等）以及自己与他人关系（如自己和同学、老师、父母的关系如何，自己在班集体中占有什么地位等）的认识。总之自我意识就是对所有属于自己身心状况的认识。例如，上课回答老师的提问，自己意识到自己正在班里回答老师的问题，意识到自己回答得正确，于是对自己感到满意。由于了解自己的一切，因而能对自己的行为加以控制和调节，而且也形成了对自己的态度。例如，放学回家路上坐在公共汽车上，看到上来一位抱小孩的妇女，意识到自己是个讲文明有礼貌的中学生，虽然也感到很累想坐一会儿，但还是站起来把座位让给她。这时自己会对自己的作法感到很满意，增强了自尊。

自我意识影响个人的知觉、思维、学习行为，或者有推动作用，或者有阻碍作用。其中对人的行为影响最大的是自尊心和自信心。

自尊心是自我意识的一个重要成分，就是尊重自己的人格，尊重自己的荣誉，不向别人卑躬屈膝，不容别人歧视侮辱，维护自己的尊严的自我情感体验，自尊心也称自爱心。和自尊心紧密相连的是羞耻心。羞耻心就是指由于发现自己的不足和弱点而感到羞愧，受到别人的侮辱而感到愤懑。羞耻心是自尊心的基础，为避免羞耻而激起的自尊心有极大的推动力。

自信心是对自己力量的充分估计，它也是自我意识的重要成分。自信心是人们成长与成才不可缺少的一种重要的心理品质。一个人如果很自卑，看不到自己的力量，总认为自己这也不行，那也做不好。一位心理学家曾进行了这样一个实验：他从一班大学生中挑出一个最愚笨、最不招人喜爱的姑娘，并要求她的同学们改变以往对她的看法。在一个风和日丽的日子里，大家都争先恐后地照顾这位姑娘，向她献殷勤，陪送她回家。结果怎样呢？不到一年，这位姑娘出落得很好，连她的举止也同以前判若两人。

日本的一位教育家田崎仁分析统计了学生成绩差的原因，认为约有三分之一是由于缺乏自信心。由此可见，任何一个人进行某种活动时，如果具有强烈的自我意识，就会发生积极的作用。生活中往往可以看到，人们在学习和工作中你追我赶，都想争取优异成绩，其中一个原因就是要使自己表现好一点，以保持或提高自己在集体中的地位，不要落后。而那些甘居下游的人，大半是自认蠢笨、懒惰、无能的人，一个人失去自信心就要堕落。甚至在事实上他目前并没有完全落后的情况下，也要一天天衰弱下去。

自我意识，尤其是自我评价制约着个性发展的方向，这一点在青少年身上表现最明显。如果一个人认为自己是正直的、诚实的人，那他就会拒绝去做虚伪的、欺骗人的事。如果他认为自己缺乏能力，那么这种自我评价就会导致原谅自己成绩差，从而放弃努力。一个人对自己有正确的态度，才能对周围的事和人有正确的态度。

自我意识越正确，就越能使自己更好地适应环境，越有利于自我发展。自我意识不正确就会出现各方面的不适应，造成个人身心发展上的困扰。自卑、自满、自高自大、自暴自弃等都是不正确的自我评价。

# 需要时刻关注的心理问题

嫉妒心理

嫉妒是对他人的优越地位而心中产生的不愉快的情感。它俗称"红眼病",是对别人的优势以心怀不满为特征的一种不悦、自惭、怨恨、恼怒甚至带有破坏性的负感情。

青少年一方面由于心理发展不完全成熟,另一方面由于社会交往范围日益的扩大,置身一种充满竞争的学校或社会环境,于是个别差异在相互交往中被突出了,由此而导致的优越地位成为了他们追求的目标。羡慕他人的优势,激发起一个人的奋发图强的精神,这是积极方面,但也可能使人因此而产生嫉妒心理。由于看到别人的长处,自己无力或不愿改变现状,于是就会对对方表示不满、愤恨,甚至加以损害。

青少年嫉妒心理的内容主要有以下几个方面:

学习:工作业优秀、人际交往能力强、工作出色的人往往成为嫉妒的对象。因为这些人所具有的优势常直接与评"三好"、评优秀干部、评奖金、择业分配及领导的赏识相联系。而这些方面处于弱势的人必生失落之感,虽然其中一部分人能正确对待,但也有部分人则心生不满、怨恨、充满敌意,甚至图谋拆台和报复。

爱情:爱情是青少年开始接触的一个问题。爱情本是一种美好的情愫,然而却容易把双方烧得头脑发昏,走向嫉妒的极端。可以这样说,爱情与嫉妒是一对双胞胎。正如西班牙著名剧作家卡尔德隆所说:"没有醋意的爱情等于没有灵魂的躯壳"。轻微的嫉妒可以促进爱情,一旦妒火过盛,则容易把爱情之花烧灼枯萎,甚至导致杀人或自杀的严重后果。

才貌:才貌是指天生的智慧及外貌。优秀的才能比俊美的容貌容易使人得到幸福和成功,而才貌较差者则要为此付出巨大的努力,嫉妒心理便由此而生了。

嫉妒心理的发展有三个阶段:

(1)最早的程度较浅的嫉妒,往往深藏于人的不易觉察的潜意识中。如自己与某同学相处很好,对于他的优势名誉、地位等并不想施以攻击,不过每念及此,心中总会感到有一种淡淡的酸涩味。

(2)程度轻深的嫉妒,是由强度较浅的嫉妒发展而来的。其标志是当

事人的嫉妒心理不再完全潜抑，而是自觉或不自觉地显露出来，如对被嫉妒者作间接或直接的挑剔、造谣、诬陷等。

（3）非常强烈的嫉妒，嫉妒者此时已丧失理智。向对方作正面的直接的攻击，希望置别人于死地而后快。这往往会导致毁容、伤人、杀人等极端行为。

嫉妒这种"平庸的情调对于卓越才能的反感"，常导致害人又害己的不良后果，青少年应学会理智地处理嫉妒心理。

首先，正确看待人生价值。这样，你就能摆脱一切私心杂念，心胸开阔，不计较眼前得失，更不会花时间和精力去嫉妒他人的成功了。一个埋头于自己的事业追求的人是无暇顾及别人的事的。俗语说"无事生非"，正出于此。一个人没有理想，胸无大志，无所事事，就会去挑别人的刺，寻别人的短，自己不进取，却去阻碍他人前进，唯愿众人都平庸度过，相安无事。

其次，发挥自我优势。金无足赤，人无完人，各人自有自己的优势和长处。追求万事超人前既无必要，也不可能。某些方面自己不如人，但可能在另外一些方面做得更好。所以要学会全面地认识自己，既看到自己的长处，又正视自己的差距，扬长避短，发现并开拓自身的潜能，不断提高自己，力求改善现状，开创新局面。

再次，培养达观的人生态度。人生本就是一个大舞台，每个人都有自己适合的角色，人人是"自得其所"，各有归宿；要有勇气承认对方有比自己更高明更优越的地方，从而重新认识、发现和创造自己。这样就能从病态的自尊心和自卑感中解放出来，从嫉妒的泥潭中自拔出来。

最后，密切交往，加深理解。许多嫉妒心理是由误解产生的。嫉妒者误认为对方的优势会造成对自己的损害，从而耿耿于怀。所以要打开心扉，主动接近，加强心理沟通和融洽，避免发生误会，即使发生了也要及时妥善地消除。

自卑心理

自卑是一种因过多地自我否定而产生的自惭形秽的情绪体验。自卑感人人都有，只有当自卑达到一定程度，影响到学习和工作的正常进行时，才归之为心理疾病。在人际交往中，主要表现为对自己的能力、品质等自身因素评价过低；心理承受能力脆弱；经不起较强的刺激；谨小慎微、多愁善感，常产生疑忌心理；行为畏缩、瞻前顾后等。

自卑心理的产生，主要来源于心理上的消极的自我暗示。其表现在：

（1）交往中的自卑心理往往是现实交往受挫，产生消极反应的结果。青少年在交往过程中常可能遇到不能克服的障碍，导致交往挫折感的发生。如失恋，常常就会引起失恋者较长时间的不良情绪反应。对待这种爱情挫折，有自卑倾向的人会难以忍受，把失败归因于自己的无能或倒霉的命运，因而灰心丧气、意志消沉。这种不良后果会产生消极的自我暗示，使得自卑心理更深入内心，并不断膨大，以致丧失交往的勇气和信心。

（2）生理上的某些不足引起消极的自我暗示。由于先天或后天的原因，有些青少年常因个子矮、过胖、五官不正、身体有残疾、缺陷等抑制了自己天性的发挥，于是感到精神压力重重，常怀疑或担心自己的缺陷被耻笑，因此离群索处，不敢主动交往或接受友谊。

（3）对自我智力估计过低带来的消极暗示。有些青少年由于学业上、工作上成绩平平，无出色表现而过低估计自己的才智水平，甚至对整个自我认识消极，认为自己"处处不如别人"于是在交往中过于拘谨，放不开手脚，担心自己成为笑料或被人算计。

（4）对性格与气质自我评价带来的消极的自我暗示。自卑者大多对自己的性格、气质特征有些了解，但他们对于自身存在的不利于交往的性格特征，总表现出无能为力的态度，叹曰"江山易改，禀性难移"。如那些自认为性格怯懦、抑郁低沉、反应迟缓者，多不敢主动结交朋友，常常"天马行空，独来独往"。

自卑是心理暂时失去平衡的一种心理状态，对此可以通过补偿的方法来加以调适，这种补偿有积极和消极之分。有的青少年明知自己能力不强，却故作姿态，甚至以奇异打扮来招人注意，借以弥补自己内心的空虚。这种消极的补偿方法，是不足取的。而积极的补偿方法有：

首先，正确对待失败。青少年由于知识、经验的不足，失败时往往找不到恰当的方法排解自卑感、挫折感，结果出现恶性循环，失败导致自卑，自卑引起失败。要知道，在漫长的人生征途上，一帆风顺是不可能的，而挫折和失败倒是必然会发生的，对此持平常之心，就不会在感情上产生很大的波动了。英国著名教授汤姆逊在总结自己工作成功的经验时，把它概括为两个字，那就是"失败"。

其次，增强自信。凡事都要有一个必成的信念，要对自己有充分的信心，对事态发展的前途抱乐观态度。要自信，自信是消除自卑，促进成功的最有效的补偿方法。平时要注意及时抓住自信心的种子，清扫自卑的瓦砾，给它一片湿润的土壤。因为自信心是通过一次次微小的成功来增强和得到升华的。

再次，在自信的基础上，建立符合自身实际情况的"抱负水平"。"抱负水平"是指个体将某件事做到某种程度的心理需求。"抱负水平"不宜定得太低或过高。定得太低，激不起奋斗热情，反而引起惰性；定得过高，超过自身能力，达不到则易引发"失败感"。所以"抱负水平"必须符合自己的实际条件。

最后，"避己之短，扬己之长"。"金无足赤，人无完人"，每个人都有自己的长处和短处，要学会对自己作出公正的全面的评价，既不沾沾自喜，又不顾影自怜。不要死盯着自己的短处，背上一个沉重的包袱，要善于挖掘和发展自己的优势，以补偿自己的不足。

孤独心理

有些青少年常常觉得自己是茫茫大海上的一叶孤舟，性格孤僻、害怕交往，莫名其妙地封闭内心，或顾影自怜，或无病呻吟。他们不愿投入火热的生活，却又抱怨别人不理解自己，不接纳自己。心理学中把这种心理状态称为闭锁心理，而把因此而产生的一种感到与世隔离、孤单寂寞的情绪体验称为孤独感。

青少年产生孤独感的主要原因是什么呢？

首先，独立意识的增长。青少年处于人的生命发展过程中从不成熟走向完全成熟的过渡时期，在这个过渡期中，他们的实践范围在逐步扩大，逻辑抽象思维能力也在迅速加强，于是开始积极地用自己的内心去体验世界，觉得自己长大了，不愿再盲目地依从父母。他们力图摆脱对成人的依赖和追随，但现实又让他们心生不安全感。为了走出这种困境，多数青少年积极投入与同龄人交往，但也有少部分人四处观望或不屑于与同龄人交往，唯我独尊；或害怕增加不安全感而紧张不适，从而转向自我内心的交流。

其次，自我意识的发展。青少年智力的发展几近成熟，这有力地促进了其自我意识的发展，他们已基本能正确进行自我观察、自我评价和自我调控。他们常会产生关于自己的许多独特的想法和憧憬，发现自己心灵中的美，也看到自己心灵中的丑。由于青少年自尊心的增强，个人隐私的范围逐渐扩大，往往担心自己的某些方面会被人耻笑，于是便小心地在心中构筑起一道篱墙，锁闭自己内心的秘密。

独立意识是一种向外的力量，自我意识是一种向内的力量，它们与青少年生理、社会性发展的不平衡相互作用，导致青春期特有的闭锁心理，并因此而产生出孤独感，深沉的孤独感会产生挫折感、寂寞感和狂躁感等，严重的甚至厌世轻生。所以，青少年应学会打破心理闭锁，消除孤独感。具体可以从以下几个方面着手：

（1）开放自我、真诚、坦率地把自己交给他人。要主动亲近别人，关心别人，因为交往是一个互动互酬的过程，所以别人也会对你以诚相待。这样你就能扩大社交面，融洽人际关系，孤独感自然就会消退了。

（2）尽量缩小与同代伙伴之间的差异。既不自傲清高，做脱离集体、高高在上的"超人"，也不自卑多虑，脱离同伴，做索然独居的"怪人"。从文化教养到兴趣爱好的各个方面，都应与同代人相互沟通、相互学习。

（3）尽量增进两代人之间的相互了解。成年人要对青少年一代多一些理解、体贴和帮助；青少年也应多了解、多学习成年人的优点和长处，并相互尊重和体谅，以填平所谓的"代沟"。

（4）培养广泛的兴趣、爱好。为自己安排好丰富有益的业余生活，把思想感情从孤独的小圈子中脱离出来，投入到广泛的高尚的活动中去。

（5）建立正确的友谊观、恋爱观、婚姻观。这是抗孤独、抗寂寞的重要法宝。在这点上，须强调的是学习学习再学习。

（6）辩证看待孤独。应力求避免陷入孤独，但却无必要害怕孤独，对孤独要有辩证的看法。孤独并非孤立，也不一定是坏事，要学会享受孤独。我们知道，有些伟大的思想者，可能找不到可以对话的人，只能向自己的内心世界掘进，这也许正是天才的萌芽呢！

逆反心理

逆反心理是指，人们彼此之间为了维护自尊，而对对方的要求采取相反的态度和言行的一种心理状态。青少年中常会发现个别人就是"不受教"、"不听话"，常与教育者"顶牛"、"对着干"。这种与常理背道而驰。以反常的心理状态来显示自己的"高明"、"非凡"的行为，往往来自于"逆反心理"。

逆反心理在青少年成长过程的不同阶段都可能发生，且有多种表现。如对正面宣传作不认同、不信任的反向思考；对先进人物、榜样无端怀疑，甚至根本否定；对不良倾向持认同情感，大喝其彩；对思想教育及守则遵纪则消极抵制、蔑视对抗等。

产生这种逆反心理的原因表现在两个方面。主观上，是青少年正处于"过渡期"，其独立意识和自我意识日益增强，迫切希望摆脱成人的监护。他们反对成人把自己当"小孩"，要求以成人自居，为了表现自己的"非凡"，就对任何事物倾向于持批判态度。正是由于他们感到或担心外界无视自己的独立存在，才产生了用各种手段、方法来确立"自我"与外界对立的情感。客观方面，教育者的可信任度、教育手段、方法、地点的不适当，往往也会导致逆反心理。

逆反心理作为一种反常心理，虽然不同变态心理，但已带有变态心理的某些特征，其后果是严重的。它会导致青少年出现对人对事多疑、偏执、冷漠、合群的病态性格，使之信念动摇、理想泯灭、意志衰退、工作消极、学习被动、生活委靡等。逆反心理的深一步发展还可能向犯罪心理或病态心理转化。所以必须采取有效的对策来克服和防治其发生。

（1）要重视复杂的社会因素对青少年心理的影响。青少年的心理活动，会受到社会经济制度的变革，文化、道德、法律等意识形态发展，善恶、美丑、是非、荣辱等观念更新等方面的影响。所以，要克服逆反心理，不能把青少年仅局限在学校这个小天地里，而要让他们置身社会，把对他们的思想情操等各方面的培养同社会政治生活、经济文化活动以及社会道德风尚联系起来，以提高他们心理上的适应能力，使他们更好地适应社会，不致迷失方向。

（2）青少年要学会正确认识自己，努力升华自我。这里须提倡自我教育，就是要求青少年要学会把自己作为教育对象，经常思考自己，主动设计自己，并自觉能动地以实际行为努力完善或造就自己。

（3）要改善教育机制。教育工作者要懂得心理学和教育学，要掌握好青少年心理发展不平衡性这个规律，不失时机地帮助青少年克服消极心理，使其心理健康发展。教育工作者要努力与青少年建立充分信任的关系，要与他们交朋友，以诚相待，以身作则，杜绝出现"台上他讲，台下讲他"的情况发生。教育者要爱护和尊重青少年的自尊心，选择合适的教育方式和场合，注意正面教育和引导，坚决反对以简单、压制和粗暴的形式对待青少年。

（4）要实现社会风气的根本好转。青少年中逆反心理的产生，责任不能完全归之于他们本人，社会大环境的影响往往起着重要的作用。无数事实表明，实现社会风气的根本好转，对于克服和防止青少年逆反心理大有裨益。

挫折心理

青少年怀抱着许许多多的幻想、希望，为将其变成现实，他会付出种种努力甚至做刻意的追求。当这种需求持续性地不能得到满足或部分满足，就产生了挫折，挫折也可称为需要得不到满足时的紧张情绪状态。如果挫折产生于较为重大的目标，如学业、工作、爱情等，这种挫折可称之为失败；如果这种挫折的障碍与压力持续时间长，影响范围广，使其处于一种不利身心发展的人生位置，则称为身处逆境。挫折、失败和逆境会给青少年带来失望、压抑、沮丧、忧郁、苦闷等紧张心理和情绪反应，心理学上称之为挫折感或挫折心理。

挫折感在个体的青少年发展时期表现较明显。这个时期的青少年常常会因为对人生的思索、学业的担忧、爱情的烦恼、社交的障碍而体验到令人失意的挫折心理。导致青少年挫折心理的原因是复杂的，大略可划分为两类：

首先，主客观矛盾是导致青少年挫折心理的主要原因。主观指青少年的自我需求，客观是指满足其需求的现实条件。一旦主观与客观发生矛盾，客观不能满足主观的要求，就会产生挫折感。主客观矛盾的表现主要有：青少年物质生活需要与社会、学校、家庭的有限物质条件之间的矛盾；学业成功、工作出色的愿望与同学、同行竞争的矛盾；自我表现的需要与机遇不平等的矛盾；强烈的独立、自主的需要与纪律约束的矛盾；社交的需要与自己在组织中的地位之间的矛盾等。

其次，个性不完善也是导致青少年挫折心理的重要原因。青少年虽然朝气蓬勃，思想活跃。兴趣广泛，勇于探索，富于创造性，但从社会成熟性来看，个性还不够完善，如情绪不稳定、认识片面，自尊心与好胜心过强，理想浪漫，容易偏激，世界观不明晰，缺乏扎实的实践基础，耐力不强等。青少年这种不完善的个性成了挫折心理的温床。

既然生活中挫折无处不在，逆境无时不有，那么对挫折心理进行调适就极为必要了。在挫折面前，我们需要的是进取的精神和百折不挠的毅力，同时也更需要理智。具体说来，可以从以下方面着手：

（1）遇到挫折时应进行冷静分析，从客观、主观、目标、环境、条件等方面找出受挫的原因，采取有效的补救措施。

（2）要善于正确认识前进的目标，并在前进中及时调整自己的目标。青少年要注意发挥自己的优势，并确立适合于自己的奋斗目标，全身心投入工作之中。如果在实施过程中，发现目标不切实际，前进受阻，则须及时调整目标，以便继续前进。著名剧作家曹禺年轻时一心想当医生，三次投考北京医学院都名落孙山，随后他转向搞戏剧终于取得了巨大的成功。

（3）应善于化压力为动力。其实，适当的刺激和压力能够有效地调动机体的积极因素。"自古雄才多磨难，从来纨绔少伟男。"人们最出色的工作往往是在挫折的逆境中做出的。

（4）要有一个辩证的挫折观，经常保持自信和乐观的态度。挫折和教训使我们变得聪明和成熟，正是失败本身才最终造就了成功。我们要悦纳自己和他人他事，要能容忍挫折，学会自我宽慰，心怀坦荡、情绪乐观、发奋图强，满怀信心去争取成功。

青春期焦虑

焦虑症即焦虑性神经症，是一种常见的神经症，患者以焦虑情绪反应为主要症状，同时伴有明显的植物性神经系统功能的紊乱。

焦虑在正常人身上也会发生，这是人们对于可能造成心理冲突或挫折的某种特殊事物或情境进行反应时的一种状态，同时带有种不愉快的情绪体验。这些事物或情境包括一些即将来临的可能造成危险或灾难、或需付出特殊努力加以应付的东西。如果对此无法预计其结果，不能采取有效措施加以防止或予以解决，这时心理的紧张和期待就会促发焦虑反应。过度而经常的焦虑就成了神经性的焦虑症。

青春期是焦虑症的易发期，这个时期个体的发育加快，身心变化处于一个转折点。随着第二性征的出现，个体对自己在体态、生理和心理等方面的变化，会产生一种神秘感，甚至不知所措。诸如女孩由于乳房发育而不敢挺胸、月经初潮而紧张不安；男孩出现性冲动、遗精、手淫后的追悔自责等，这些都将对青少年的心理、情绪及行为带来很大影响。往往由于好奇和不理解会出现恐惧、紧张、羞涩、孤独，引起自卑和烦恼，还可能伴发头晕头痛、失眠多梦、眩晕乏力、口干厌食、心慌气但、神经过敏、情绪不稳、体重下降和焦虑不安等症状。患者常因此而长期转辗内科、神经科求诊，而经反复检查却并没有发现任何器质性病变，这类病症在精神科常被诊断为青春期焦虑症。

青春期焦虑症会严重危害青少年的身心健康，长期处于焦虑状态，还会诱发神经衰弱症，因此必须及时予以合理治疗。一般是以心理治疗为主，配合药物治疗。此处介绍几种自我疗法。

暗示疗法：自信是治疗青春期焦虑症的必要前提。焦虑症患者应暗示自己树立自信，正确认识自己，相信自己有处理突发事件和完成各种工作的能力，坚信通过治疗可以完全消除焦虑疾患。通过暗示，患者每多一点自信，焦虑程度就会降低一些，同时又反过来使自己变得更自信，这个良性循环将帮你摆脱焦虑症的纠缠。

深度松弛疗法：如果患者能够学会自我深度松弛，就会出现与焦虑中所见相反的反应，这时其身体过程是静止的而不是为某些朦胧意识所控制。自我深度松弛对焦虑症有显著疗效，如患者在深度松弛的情况下去想象紧张情境。首先出现最弱的情境，重复进行，患者慢慢便会在想象出的任何紧张情境或整个事件过程中，都不再体验到焦虑。

分析疗法：有些焦虑是由于患者将经过的情绪体验和欲望压抑到潜意识中去的结果。因为这些被压抑的情绪体验并未在头脑中消失，仍潜伏在无意识中导致病症。患者成天忧心忡忡，惶惶如大难将至，痛苦焦虑，不知所以然。此时，患者应分析产生焦虑的原因，或通过心理医生的协助，把深藏于潜意识中的"病根"挖掘出来，必要时可进行发泄，这样症状一般可消失。

刺激疗法：焦虑症患者发病时脑中总是胡思乱想，坐立不安，痛苦不堪，此时患者可采用自我刺激，转移注意力。如在胡思乱想时，找一本有趣的能吸引人的书读，或从事自己喜爱的娱乐活动，或进行紧张的体力劳动和体育运动，以忘却其苦。

催眠疗法：大多数患者有睡眠障碍，难以入睡或梦中惊醒，此时病人可进行自我催眠，如闭上双眼，进行催眠："我现在躺在床上，非常舒服……我似乎很难入睡……不过没有问题……我现在开始做腹式呼吸……呼吸很轻松，我的杂念开始消失了……我的心情平静了……眼皮已不能睁开了……手臂也很重，不想抬了，也抬不起来了……我的心情十分平静……我困了……我该睡了，我能愉快地睡着……明早醒来，我心中会非常舒畅。"

神经衰弱症

神经衰弱是由于大脑长期过度紧张而造成大脑的兴奋与抑制机能的失调。负性情绪，如恐惧、悲伤、抑郁等，是本症常见的原因。不少青少年由于对工作与学习负担过重，亲人死亡，生活挫折，人事矛盾等不能正确对待、认识，长期的心理冲突、压抑得不到解决，从而导致脑机体系统功能失调，引起神经衰弱。

神经衰弱是一种常见的心理神经疾病，多发生在青少年求学与就业时期，特别是青少年学生和青年知识分子发病率比其他神经病高。患者常常情绪不稳、失眠、乏力、抑郁寡欢。有时发现知觉错乱现象，对极重要的事物会茫然无所知觉，对声音极度敏感，即使轻微的声音也会使其惊恐得

心跳、冒汗。这类患者往往忧虑过多，学业、职业、前途、名誉、地位、婚恋等问题总盘旋于他们的脑际。尤其容易背上"病"的包袱，总爱陈述自己的病痛之苦。当医生劝其摆脱精神压力时，他觉得别人不理解他，不同情他，内心很委屈，进而责怪医生不负责任，医术太差。

患者极易疲劳，因此感到一天到晚精力疲乏，学习与工作效率很低。注意力难以集中，头昏脑胀，记忆力下降。容易激怒，常为一些微不足道的小事而发生强烈情绪反应。

对神经衰弱症的心理调适与治疗，要以预防为主，改变不良习惯，加强锻炼，生活宁静而有规律。对于睡眠习惯不好的，要协助父母或老师给予纠正或指导，进行自我纠正。首先施以心理治疗法，克服紧张焦虑情绪，正确认识这种疾病的本质和发病原因，树立起与疾病做斗争的信心，把消极情绪转变为积极情绪，是治疗的关键所在。

对于真正的失眠性神经衰弱，可适当辅以药物治疗。

歇斯底里症

精神医学把容易导致歇斯底里反应的人格称做歇斯底里人格。具有歇斯底里人格的人，在某种精神刺激下，容易发生歇斯底里症。有关研究指出歇斯底里人格的特点有：人格发展幼稚，不成熟；情绪不稳，容易感

情用事；有过分的幻想，容易把幻想当成现实；以自我为中心，自私，任性；重视别人对自己的关注、照顾，以过分做作或夸张行为引人注意；等等。

歇斯底里症多由于精神刺激或不良暗示而引起感觉与运动机能障碍，植物神经系统机能失调与精神异常。青少年由于学习或工作压力，家庭或社会生活的不良因素影响，加上自身心理发育不成熟，容易患发歇斯底里症。歇斯底里症的人格特征具体表现有：

首先，高度的情绪强度与易变性。患者的情绪反应过于强烈，常常带有夸张的色彩，并且情绪很不稳定，容易从一种情绪转为另一种情绪。患者常常感情用事，判断是非的标准从感情出发。

其次，高度的受暗示性。患者暗示感受性很高，他的行为很容易受到他尊敬的人、有好感的人的言行的影响。这种病人的自我暗示感受性也很高，甚至可引起躯体的各种不适症状。

最后，高度的自我显示感。患者喜欢显示自己，夸耀自己，愿意成为人们注意的中心。

歇斯底里症发病急剧，但根据情况进行恰当的心理调适和治疗，可以迅速恢复。其治疗和调适的方法有：

（1）分析疗法。这是一种基本治疗方法。关键在于正确运用，寻找到某种致病的精神刺激因素，这个方法如果使用得当，可收到立竿见影的疗效。如果使用不得当，疾病就是"好了"，也会再次复发。分析疗法的目的在于分析和根除患者的潜在冲突。

（2）暗示疗法。采用古人吐"虫"、泻"蛆"、刺"虫"式疗法，可消除患者疑虑，使病渐转愈。

（3）行为疗法。行为疗法的目的不是把患者变态行为的病因连根拔掉，而只是清除个别失去能力的行为。为消除歇斯底里的外在症状提供正确的学习经验。症状的消除表示实际的治愈。

（4）集体疗法。歇斯底里在一定场合下可以出现集体发病，因此将，几个患者和几个已治愈的人集中在一起讨论病情、病因和治疗，可以起到正性暗示的疗效作用。

社交恐惧症

社交恐惧症通常起病于青少年时期，男女都可能出现。青少年渴望友谊，希望广交朋友，但有些青少年一到具体交往时，如找人交谈，或者别人与自己打交道，就出现了恐惧的反应，表现为不敢见人，遇生人面红耳赤，神经处于一种非常紧张的状态，这就是社交恐惧症。它往往会泛化，严重者拒绝与任何人发生社交关系，把自己孤立起来，对日常工作学习造成极大妨碍。

社交恐惧症的特点是强迫性的恐怖情绪，想象出恐怖对象，自己吓唬自己。例如，某大学有一女生性格内向，自尊心特强，处事谨小慎微。她总以为别人时刻在注意她、评价她，担心自己会出什么差错，让人瞧不起。后来，她暗暗爱上某男生，但又不敢表露，还怕别人知道这个秘密。一次，有同学开玩笑说："我知道你爱上他了，你别藏在心里啦!"她一听就心里发慌，担心别人对她评头论足。此后，她见人就躲闪，有人与她聊天，她就面红耳赤、心慌意乱、语无伦次，最后以致见人就害怕。这是社交恐惧症的一个典型例子。

社交恐惧症是后天形成的条件反应，是经过学习过程而建立起来的。分为两种情况：一是"直接经验"。有道是"一朝被蛇咬，十年怕井绳"。青少年在交往过程中屡遭挫折、失败，就会形成一种心理上的打击或"威胁"，在情绪上产生种种不愉快的甚至痛苦的体验，久而久之，就会不自觉地形成一种紧张、不安、焦急、忧虑、恐惧等情绪状态。这种状态定型下来，形成固定心理结构，于是他在以后遇到新的类似刺激情境时，便会旧病发作，心生恐惧感。二是"间接经验"，即"社会学习"。如看到别人或听到别人在某种交往情境中遭受挫折，陷入窘境，或受到难堪的讥笑、拒绝，自己就会感到痛苦、羞耻、害怕，甚至通过电影、电视、小说、广播、报刊等途径也可以学到这种经验。他们会不自觉地依据间接经验，来预测自己会在特定社交场合遭

受令人难堪的对待，于是紧张不安，焦虑恐惧。这种情绪状态的泛化，导致了社交恐惧症。

社交恐惧症是一种因心理紧张造成的心因性疾病，只要积极治疗，可以治愈的。

（1）消除自卑，树立自信。对自己应有正确的认识，过于自尊和盲目自卑都没有必要，事事处处得体、求全责备也是没有必要的。可以暗示自己：我只不过是集体中的一分子，谁也不会专门盯住我，注意我一个人，摆脱那种过多考虑别人评价的思维方式。要记住：我并不比别人差，别人也不过如此，以此来增强自信。

（2）改善自己的性格。害怕社交的人多半比较内向，应注意锻炼自己的性格。多参加体育、文艺等集体活动，尝试主动与同伴和陌生人交往，在交往的实际过程中，逐渐去掉羞怯、恐惧感，使自己成为开朗、乐观、豁达的人。

（3）转移刺激。即暂时转移引起社交恐惧症的外界刺激。由于外界刺激有一段时间内消失，其条件反射在头脑中的痕迹就会逐渐淡漠，有时还可消除。

（4）满罐疗法，屡现刺激。即让人反复接触引起恐怖的刺激，使其逐步适应，进而消除恐惧感。

（5）掌握知识。尽管都懂得开展社交的主要意义，但是有关社交的知识、技巧和艺术，以及相关的社会学、心理学和传播学知识却掌握得不

够。所以应全面地掌握有关知识，真正明白道理，这对消除心病是大有裨益的。

（6）系统脱敏疗法。其一般做法是：先用轻微的较弱的刺激，然后逐渐增强刺激的强度，使行为失常的患者没有焦虑不安反应、逐渐适应，最后达到矫正失常行为的目的。引导青少年患者先与家人接触、再与亲朋好友接触，然后再与一般熟人接触，最后与陌生人接触，一步步地引导脱敏，并通过奖励、表扬使其巩固。

恋爱心理

青少年时期，身体各器官组织的发育趋近成熟，由性生理成熟引发的性意识觉醒，必然要启动青少年恋爱行为的产生。而当恋爱行为受到家庭、社会、道德以及个体自身因素的制约而适应不良时，就会产生恋爱心理问题。常见的恋爱心理有早恋、单恋、失恋、自恋、恋父（母）等，已婚青年还可能有婚外恋。这里就几种主要的恋爱心理问题作探讨。

早恋。指青春期或青春期以前的少年出现过早恋的现象。早恋习称牛犊恋，多与环境因素引起早熟性兴奋和性萌发有关；一部分也与孤独、空虚、心理上缺乏支持有关。陷入早恋之中的少年男女因受到相互的吸引、互相爱慕、互相支持，情绪是欢愉的，情感是纯真的。由于情感处于主导地位，通常缺乏理性。多数人有肉体和性接触的意向，但不一定都付诸实践。相当多的早恋少年满足于温馨的情感交流和卿卿我的言语交流。当然，也有一部分人基于性冲动与欲望而发生性行为。

早恋是由于受了外部"催化剂"的性早熟的结果，很难指向一个固定的性对象；对某一异性对象的爱慕或倾倒是非理性的。例如，有的少年称他之所以喜欢班上那个女生，是因她的一双手长得灵巧美丽；有的则认为对方的声音好听；有的认为他的异性伙伴有部带遥控的玩具汽车。

老师、父母一旦发现孩子陷入早恋的漩涡之中，或许会感到震惊、愤怒。他们往往认为这些孩子太不争气，道德品质太差。其实此时少年的早恋与道德品质的优劣无关。重要的是，应认识到少年性心理成熟提前的趋势，帮助孩子们认识到早恋的危害，组织丰富多彩的文娱、体育活动、社会活动和保护、热爱大自然的活动。只要晓之以理，动之以情，因势利导地给予切实有效的帮助，几乎每一个早恋少年都能摆脱其早恋的羁绊。相反，有的父母发现自己的孩子在早恋，便不分青红皂白加以训斥、打骂，甚至当着小伙伴的面羞辱他们，结果使孩子遭受很大的精神痛苦，与父母的亲情也受到伤害；个别人甚至因不堪其辱，愤而走向自杀。这些沉痛的，乃至以生命为代价的教训，值得我们认真吸取。

单恋。是指一方对另一方以一厢

情愿的倾慕与热爱为特点的畸形爱情。单恋多是一场情感误会，是青少年"爱情错觉"的产物。"爱情错觉"是指因受对方言谈举止的迷惑，或自身的各种主观体验的影响而错误地主动涉入爱河，或因自以为某个异性对自己有意而产生的爱意绵绵的主观感受。"爱情错觉"导致一厢情愿式的单恋，俗称单相思。单相思有两种情况：一种是毫无理由的"单相思"，对方毫无表示，甚至对方还不认识自己，而自己执著地爱对方，追求对方，这种恋爱，是纯粹的"单向"；另一种是自认为有"理由"的单相思，错认为对方对自己有情，于是"落花无意"变成"落花有意"，这是假"双向"，真"单向"。

青少年心理尚未完全成熟，单恋现象比较常见，且较多地出现在性格内向、敏感、富于幻想、自卑感强者身上。首先是自己爱上了对方，于是也希望得到对方的爱，在这种具有弥散作用的心理支配下。就会把对方的亲切和蔼、热情大方当作是爱的表示，并坚信不已，从而陷入单恋的深渊，而不能自拔。

单恋者固然会体验到一种深刻的快乐，但更多会体验到情感的痛苦，因为他们无法正常地向自己所钟爱的异性倾诉柔情，更不能感受到对方爱意的温馨。

克服单恋的痛苦重在防患于未然。首先是要能避免"恋爱错觉"，学会准确地观察和分析对方表情，用心明辨；要视其反复性，某种信息的经常出现可能意义很深，而单单一两次就不足为凭了；要学会用联系的观点去分析问题。把某种信息和其他因素结合起来考虑。如有个小伙子经常对一位姑娘进行帮助，如果这小伙子是副热心肠，对谁都乐于帮助，那么姑娘大可不必胡思乱想；如果这小伙子对这个姑娘特别关照，那就须得注意了。

一旦单恋已然发生在你身上，那就需要拿出十足的勇气，克服羞怯心理和自我安慰心理的折磨，勇敢地用心灵去撞击。如果对方有意，心灵闪现出共同撞击的火花，单恋则转化为"双恋"，爱的快乐就取代了爱的痛苦。如果是"落花有意，流水无情"则应该面对现实，勇敢地抛弃幻想，用理智主宰感情进行转移，通过思想感情的转换和升华来获取心理平衡。

失恋。"哪个少女不怀春，哪个男子不钟情"，尤其是青年，由于生理、心理的逐步成熟，都会萌动春心，涉入爱河。挚情之恋是青年男女所憧憬的，它似一杯甘醇芳馨的美酒，令人如痴如醉。然而，有恋爱就有失恋，这是一个辩证的自然法则。

所谓失恋是指一个痴情人被其恋爱对象抛弃。失恋引起的主要情绪反应是痛苦和烦恼。大多数失恋者能正确对待和处理好这种恋爱受挫现象，愉快地走向新的生活。然而，也有一些失恋者不能及时排解这种强烈的情绪，导致心理失衡，性格反常。具体

到不同的个体,常常出现以下几种消极心态:

(1)"从此无心爱良夜,任他明月下西楼。"失恋者羞愧难当,陷入自卑和迷惘,心灰意冷,走向怯懦封闭,甚至绝望、轻生,成为爱情的殉葬品。

(2)"不见去年人,泪湿春衫袖。"失恋者对抛弃自己的人一往情深,对爱情生活充满了美好的回忆和幻想,自欺欺人,否认失恋的存在,从而陷入单相思的泥潭。也有人会出现一个特殊的感情矛盾——既爱又恨,不能自拔。

(3)"阁道峻赠,似我回肠恨怎平。"失恋者或因失恋而绝望暴怒,失去理智,产生报复心理,造成毁坏性的结局;或从此嫉俗厌世,怀疑一切,看着什么都不顺眼,爱发牢骚;或从此玩世不恭,得过且过,寻求刺激,发泄心中不满。

失恋的种种不良心态会严重影响青少年的身心健康,甚至会导致一系列社会问题。所以,正为失恋而痛苦缠身的不幸者必须学会自我调整、自我拯救。这里,提供如下方法:

倾吐。失恋者精神遭受打击,被悔恨、遗憾、急怒、惆怅、失望、孤独等不良情绪困扰,应该找一个可以交心的对象,一吐为快,以释放心理的负荷。可以用口头语言,把自己的烦恼和苦闷向知心朋友毫无保留地倾诉出来,并听听他们的劝慰和评说,这样心情会平静一些。也可以用书面文字,如写日记或书信把自己的苦闷记录下来,或给自己看,或寄给朋友看,这样便能释放自己的苦恼,并寻得心理安慰和寄托。

移情。及时适当地把情感转移到失恋对象以外的他人、事或物上。如失恋后,与同性朋友发展更密切的关系,交流思想,倾吐苦闷,求得开导和安慰;积极参加各种娱乐活动,释解苦闷,陶冶性情;投身到大自然中去,把自己融化到大自然的博大胸怀中,从而得到抚慰。当然密切自己与其他异性的交往,也不失为一个合适的途径。

疏通。指的是借助理智来获得解脱,用理智的"我"来提醒暗示和战胜感情的"我"。要想想,爱情是以互爱为前提的,不可因一厢情愿而强求,应该尊重对方选择爱人的权利。也可以进行反向思维,多想对方的不足点,分析自己的优势,鼓足勇气,迎接新的生活。还可以这样设想,失恋固然是失去了一次机会,然而却让你进入了另一个充满机会的世界。正如海伦·凯勒所言:"一扇幸福之门对你关闭的同时,另一扇幸福之门却在你面前洞开了。"

立志。失恋者积极的态度会使"自我"得到更新和升华,全身心地投入到工作中去,许多失恋者因此而创造出了辉煌的成就。像歌德、贝多芬、罗曼·罗兰、诺贝尔、居里夫人、牛顿等历史名人都曾饱受过失恋的痛苦。他们可谓是用奋斗的办法更新"自我"，积极转移失恋痛苦的楷模。

吸烟、酗酒心理

吸烟饮酒现象，已逐渐成为我国青少年中较严重的行为问题。据上海市的一份调查资料表明，上海市目前 20～29 岁的青年吸烟率为 45% 以上；《中国青年报》的一则报道指出，目前我国在校男大学生吸烟率已在 27% 以上。多种迹象表明，初、高中生的吸烟、饮酒率有大幅度上升。吸烟饮酒，对青少年的心理、心理健康危害很大，而且因酒后滋事的青年犯罪率也在不断上升，因此应引起人们的足够重视。

许多专家认为，青少年烟酒瘾君子不是天生的，其主要原因还在于生活环境。青少年产生吸烟饮酒的心理原因一般表现为：

从众模仿。随着身心的逐渐发育成熟，青少年处处要求以成人自居，看到许多长辈吸烟饮酒，便认为"只有吸烟饮酒才是大人样"，于是就模仿起来。

出于好奇。青少年好奇心强，看到别人吞云吐雾、怡然自得，便想亲自体验一回"活神仙"的滋味。

社交需要。社交场合中，递一支烟可融洽气氛，碰碰杯可缩短心理距离，于是朋友见面未曾开口便先递上一支烟，或坐下来角逐酒量。

他人影响。青少年重友情，讲"义气"，朋友都抽烟，若自己不应酬，便觉得"掉价"，于是在你来我往中就吸上了。

逆反心理。有些青少年正产生逆反心理，你越是劝阻，他越是跃跃欲试。

侥幸心理。尽管知道吸烟饮酒有害健康，但一些人心存"不吸烟照常得肺癌"、"吸烟的未必个个都是癌"的侥幸心理而照吸不误。

寻求解脱。一些青少年在学习、工作和生活中受到挫折，如失恋、考试落榜、待业无助、人际关系紧张等，就借用饮酒吸烟来寻求解脱，以此消愁解忧，逃避现实。

作为"工具"。有些青少年常在无聊时喝酒或"抽支烟解解闷"；上厕所时抽支烟"熏熏臭气"，看书、写作时，尤其是开夜车时借烟来"提提神"；或满足一时乐趣、刺激，以获得充实感等，久之则成为陋习。

因此说青少年吸烟、饮酒习惯，是一种习惯的不适应的行为模式。以后为了满足其生理和心理的依赖，这种陋习就被维持下来。家庭和社会中年长者的行为模式，对青少年的影响尤为深刻。

吸烟饮酒日久则上瘾，而且过度沉溺其中，还会形成中毒症状，以至形成长期依赖。这对青少年的生理、心理带来一系列危害。

从生理上说，青少年仍处于发育完善期，尼古丁和酒精对人体的各种组织和器官都会产生有害影响。由于饮食不良，常会患维生素和营养缺乏症。不断地摄取尼古丁和酒精易导致肝硬化、内分泌腺损伤、内心衰竭、高血压、胃内黏膜萎缩、炎症以及毛细血管溢血，肺部器质性病变，造成对疾病的整体抵抗力降低，甚至缩短寿命。不少青少年瘾君子还可能发展成为自杀或犯罪，或由于传染病并发，尤其是呼吸道传染病、肺结核，造成肝脏和心脏功能的衰竭而死亡。

从心理上讲，青少年吸烟饮酒可导致一系列神经症和精神障碍。

从行为上讲，青少年烟酒成瘾，可以引起思维过程的严重退化和智力功能的严重损伤，严重者会出现思维中断、记忆检索障碍等症状。由于运动机能失调，人际交往、言语感觉和理解能力方面的退化，青少年在运动行为、人际交往、求学就业方面也将受到严重影响，做出不负责任的甚至反社会的行为。因此无论是家庭，还是青少年个人，都应对此有正确认识。

一般吸烟饮酒，虽然不被视为病态，但对青少年的健康影响却是极大的。对于吸烟饮酒成瘾并导致中毒症状的青少年，则应采取系统治疗措施。除了采用药物治疗，如用戒烟、酒药丸、戒烟茶、糖外，还可采用心理治疗方法：

（1）厌恶反射疗法。以重复惩罚性的刺激，建立起条件反射而革除不良弊习。如患者可以服戒酒丸、柠檬酸之类药物。如果病人喝酒，这类酒

就会引起紧张症的发作，从而达到戒酒的目的。再如在烟酒里抹上或掺上可以使其产生恶心和呕吐的物质，从而培养患者对烟酒的厌恶情绪，重复强化对烟酒产生条件反射性反感。

（2）认知领悟疗法。当患者已停止吸烟喝酒时，医生就开始对患者进行个别或集体心理治疗，帮助他们了解自己的行为，发展更有效的调整方法，认识其行为可能导致的恶果，使患者认识或明白不吸烟不喝酒生活将比完全沉溺其中的生活更舒适，这也会取得很好的疗效。

（3）社会支持性治疗。这种治疗涉及到环境的改变，态度的变化和提供健康的社交活动。需劝说患者的家长、亲人和老师，帮助患者在家庭、学校和其他社会组织中进行重新调整。通过有意义的社会活动来恢复其社会交往，培养有益兴趣，增强自信心，这对青少年烟酒中毒者是很有效的。

长期随访治疗对烟酒中毒的青少年进行治疗的持续时间一般较长，主要取决于患者的病情轻重程度，其意志品质和所处的社会环境。如果他们有 5 年滴酒不沾，一烟不吸，一般可以认为他们痊愈了。旧病复发的可能通常是在头两年以内，所以在最初治疗结束后，应对患者及时随访和跟踪治疗。

自杀心理

有关数据表明，目前全世界青少

年自杀率呈增长趋势，这引起了全社会及家庭的普遍关注。在我国，这种情况也较严重。青少年自杀者多正值求学、就业良机，为何要选择死亡之路呢？因此研究青少年自杀心理，预防自杀行为于是成了首当其冲的重要课题。

自杀是当一个人的烦恼和苦闷发展到极端，对"破局"的事态产生恐惧，对生活失去信心，对现实感到绝望而采取的惟一的、最后的"保护"手段。自杀一般始于心理挫折，发生在摆脱抑郁的心理冲突的过程中。按其心理类型，可分为心理满足型和心理解脱型两大类。前者如宗教中的绝食坐化，为坚持某一信念的示威性、赌气性自杀；后者如由于挫折、自卑、厌世、绝望等为排解心理抑郁而自杀。其心理行为过程一般为：挫折—虚无感—对现实的普遍冷化曲解，对人、事怀报复心理—绝望—自杀强迫意念—产生自杀行为。

自杀动因不仅取决于内部因素（如心理机能、天象因素、模仿心理等），还取决于个体行为的外在因素，即外界环境及带有某些共性的社会思潮及道德标准。因此，分析自杀动因尤为必要。

导致青少年自杀的因素通常有：

（1）挫折和失败。这是我国青少年自杀因素之一，如高考落榜升学无望、考试失利等。这种人自尊心较强，家庭父母期望值较高，因此自我估计不实，一旦遇挫，便感觉失却了存在的价值。加之受挫后父母不理解，外人讥嘲等，自尊心受到创伤后，往往走上绝路。

（2）家庭关系不睦。家中父母管教过严，又由于青少年逆反心理较强，一旦与父母发生激烈的冲突，便心生悲凉，或离家出走。若能得到亲友及师长的安抚劝慰，可迷途知返；若无人抚慰，孤立无援，就会加重其失望心理，以致走上自杀的绝路，此种情况往往见于离异或父母不睦的家庭。这些孩子自小感受到"世态炎凉"，无论在性格、气质上，都感到自卑、压抑。自幼感受不到父亲的亲情，加之受挫，自杀的可能性极大。

（3）失恋。据《日本警察白皮书》报告，自杀的青少年16.2%直接原因是失恋，英国52%的青少年自杀与失恋有关。一些青少年对爱情缺乏深度了解，失去恋人后极易产生自卑心理；失身后所遭受的身心摧残，以及别人的另眼相待，也会使他们走上绝路。

（4）精神疾病。如躁狂抑郁症、慢性烟酒中毒、精神分裂症、药瘾等。据有关调查资料显示，因精神疾患而自杀的青少年占13.2%。因此也不应忽视。一些不明原因的自杀或"意外死亡"，在排除他杀行为中，抑郁症关系最密切，其一般表现为：患者情绪低落、学习工作效率低、不明原因的食物减退、不时产生轻生意念等。严重抑郁症患者，自杀率约为10%～15%。因此，在青少年中如发现抑郁症倾向，及时疏导，可减少或预防自杀行为。但由于此症状较隐蔽，轻度患者一般生活正常，所以应引起人们的高度重视。

（5）从众心理。需注意的是，一些平日称兄道弟，讲"江湖义气"的青少年团伙，为首者一念之下，其他成员极易言听计从，盲目从众自杀。

自杀是一种"卑贱的勇敢"（黑格尔语），是一种不负责任、不道德的愚蠢行为，但同时是可以预防的，这需要家庭、社会、个人各方面的努力。

首先，解除家庭方面的压力。家庭的压力可导致青少年发生情绪危机。如父母离异、家庭不睦等。国外研究表明约有50%的青少年自杀与家庭破裂、家庭功能缺陷有关。而且父母有自杀行为，子女自杀的可能性极大。事实上，体验过家庭成员自杀行为的青少年，其自杀可能性将是同龄人的9倍。

因此，要求父母及家庭成员应善于了解孩子的内心活动，及时给予开导，帮助解决实际问题。如稳定情绪或诱导宣泄等，从而排除忧患。还可到心理咨询机构进行心理咨询。

其次，社会各方要进行危机干预。自杀者从遭受挫折、产生绝望到实施自杀通常有一个心理过程，即自杀先兆。自杀心理先兆是一种极度亢奋的状态，它表现为一种疯狂的宣泄行为，一般分为身心反应和"动作化"倾向两个阶段。怀自杀心理的人常表现紧张不安或不悦，生理上也有

诸如头痛、恶心、呼吸短促、手脚发麻等反应。由于青少年的情绪具有冲动性、爆发性、极端性等特点，往往有过强的情绪冲动，而用"行动"来表现其心迹。因此社会各方要成立心理咨询小组，帮助有自杀意念的人解除心理矛盾。还应组织人力对自杀行为进行预测，从而加以防范。据统计，从自杀预警到行为实施，历时半年以上者达81.3%，故有充分的时间来预防。

最后，青少年应提高心理受挫力。青少年自杀多与个体的性格有关。性格严重内向或抑郁者，承受挫折的能力不强，易受到事情失败的影响而产生轻生念头。因此青少年必须纠正自己的一些不良性格，掌握自我合理宣泄情感的技巧，建立起良好的自我防御机制。一旦遭受了挫折，可以改善策略，或降低目标，或重新选择手段，再作尝试；可以暂时放弃当前目标，从别的方面获得成功来予以补偿；可以采取妥协折中的办法，找理由进行自我安慰；要有点"酸葡萄精神"和"阿Q精神"，悦纳自我、悦纳现实。俄国作家契诃夫在《生活是美好的》一文中对企图自杀者说："为了不断感到幸福，那就需要：善于满足现状；很高兴地感到事情原本可能更糟呢。"他举例说，要是你的手指头扎了一根刺，那你应高兴：挺好，多亏这根刺不是扎在眼睛里！因为我们需要这种精神胜利来安慰自己，求取心理平衡。

# 需要明白的心理防卫机制

否定作用

所谓"否定作用"，是一种否定存在或已发生的事实的潜意识心理防卫术。它是最原始最简单的心理防卫机制，它将已发生而令人不快或痛苦的事情完全否定，以减轻心理上的痛苦。这种防卫术能使个体从难以忍受的思想中逃避，也同样可借此逃避个体难以忍受的愿望、行动、事故，以及由此引发的内心焦虑。我们曾注意到，年幼的儿童不慎将花瓶或杯子摔破后，会知道闯了大祸而用双手把眼睛蒙起来，不敢再看已被打破的东西。其情形如同沙漠里的鸵鸟，当被敌人追赶而难以逃脱时，就把头埋进沙里。因为危险在眼前，情感上难以承受，把眼睛蒙起来，抹杀已发生的事实，以免除心理上的负罪或痛苦。这种"眼不见为净"，即为"否定作用"的表现。

否定作用在日常生活中随时可见。父母很可能对自己孩子的生理或心理方面的缺陷尚未察觉或不予承认，哪怕是孩子的缺陷早已人人皆知；罪犯入监后，在严密的监禁之下，有时也会失去他们对现实的知觉，甚至感到被监禁于己并非事实；一些接受手术的人有时也会忽略事实，而产生其手足或器官仍然存在的错觉；患有歇斯底里性麻痹和其他歇斯底里反应的心理症患者，经常会防卫性地否定事实而忽视实际存在的痛苦，甚至以一种欣悦的方式表现出来；患有忧郁性心理症者，可能不敢面对现实而缺乏感受；紧张性精神分裂患者可能否定自身的存在，甚至否定整个人类世界的存在。可见，有些轻微的否定在日常生活中以不足为训的行为表现出来，而有的否定却成为一种严重的精神病症状。

应当注意的是，我们在日常生活中常常会有意去否定许多事实。诸如，问某一年轻姑娘："你有没有男朋友呀？"该姑娘会不好意思，脸红地否定："我才没有男朋友呢！"其实她已有男朋友，而且快订婚了，只是不好意思而有意否定。这种连自己也能意识到的自我否定现象，并非潜意识中的否定。所以不算是心理防卫机制所指的"否定作用"。真正的否定作用是在潜意识情况下进行的，个体不但否定了事实，而且真的相信没有发生，有时会达到妄想状态，便成为"精神病"症状了。

事实上，否定作用并不有使我们完全否定问题存在的事实。只是使我们否定对这些问题存在的注意力而已。不过，有时否定的心理防卫机制可以说是一种在心理压力中保卫自己的感觉，或给人多一点时间作考虑与作决定。然而，不可忽略的是否定作用在一般行为表现上，足以妨碍人们对问题的适应，因为其机理是躲避问题以代替面对问题。

歪曲作用

所谓"歪曲作用"，是把外界事实加以曲解、变化以符合内心的需要。歪曲作用无视外界事实，与否定作用有相同的性质，属于精神病的心理防卫机制。因歪曲作用而表现的精神病现象；以妄想或幻觉最为常见。妄想是将事实曲解并且坚信不疑，如相信有人危害他、配偶对他不贞、夸大性地相信自己是神或皇帝等等。幻觉乃是外界并无刺激，而由脑子里凭空感觉到的声音、影像或触觉等反应，它与现实脱节，严重歪曲了现实。

有一位化验室的技工，突然语无伦次，说他是著名化学家，且最近获得诺贝尔化学奖，还说他是当代某著名女影星的朋友。他不仅这样说，而且真的确信，接到一封普通的信，便认为是挪威政府寄来的，是邀请他到挪威去领取诺贝尔化学奖的；由于语无伦次、行为怪异，路人便好奇而取笑他，他却认为在祝贺他当选为某工厂的厂长；听到收音机里女影星唱的歌，则认为是他妻子唱给他听的。

导致其产生虚幻的原因何在？经查询方知他在最近的化学检测考试中名落孙山，比他年轻的同事反而升了级，在心理上受到了极大挫折，更糟的是，亲人、朋友此时也不理睬他了。在这种双重心理打击之下，他的精神彻底崩溃了。因此，他把一些外界所看到、听到的事实加以曲解、变化，以符合内心的需求，用夸大的想法来保护其受挫的自尊心，这是歪曲作用的特例。

外射作用

外射作用又叫投射作用，是凭主观想法去推及外界的事实，或把自己的过错归咎于他人的一种心理防卫术。日常生活中常出现这种"外射"现象，即以自己的想法去推测别人的想法。所谓"我见青山多妩媚，青山见我亦多情"，即为此例。中国古代"临渊羡鱼"的故事，是讲二人在潭边看鱼，其中一人道："老兄，你看这些鱼是多么快乐呀？"另一人却说："老兄呀，你又不是鱼，怎么知道鱼很快乐呢？"（"汝非鱼，焉知鱼之乐"）回答道："老兄呀！你又不是我，怎么知道我不知道鱼快乐呢？"（"汝非我，知我不知鱼之乐"）其实鱼乐与不乐，只有鱼自己才知道，而那位老兄不过是把自己的态度和感觉"投射"到鱼身上去罢了。这种把自己的动机、想法、态度或欲望"投射"到外界的客观现实，称之为"外射"。

作为心理防卫机制的外射作用，是把自己不能接受的欲望，感觉或想法外射到别人身上，以避免意识到那些自己不能接受的欲望感觉或想法。比如，一个打架的儿童反责与他争吵的小朋友，说是小朋友先动手，他才还击的；一个心怀偏见的人会否定自己的感受而说他不会愤恨别人只是别人恨他。又如，临床中一位病人，在银行工作，常常产生把钞票偷来自己用的念头，但又为产生这种坏念头而惭愧。结果，外射到别人身上，说别人怀疑他有偷用公家钞票的意念。经过这种外射作用之后，他一来不再觉得自己原有偷窃的欲望而觉得不好；二来因别人怀疑他有这个意图，他也就不敢真的去偷公家的钞票，从而达到了自我防卫的目的。

某些外射行为可认为是人们自然而不可避免的失误，是一种人人极其常用的心理防卫术，借此对于错误的行为予以饶恕与解脱。但是责怪他人成为一种习惯，总是将自己的过错归咎于他人，就会妨碍我们与他人之间良好的人际关系。这不仅干扰了我们看到真实的自己，而且容易对他人形成敌对的、难以容忍的，以及怀疑心重的态度，从而把过错外射到外界及怀疑他人而引起诸多麻烦。

内射作用

内射作用是一种与外射作用相反的心理防卫术。它是将外界的东西吸收到自己的内心，成为自己人格的一部分的一种心理防卫术。事实上，人们的思维及行为，往往是受到外界环境的影响而表现出的心理活动。特别是在早期的人格发展过程中，婴幼儿最易吸收、学习别人——特别是自己父母的言行与思维，从而逐渐形成自己的人格。比如说，有个孩子墙上乱涂乱画，被父亲说这是不应该的，影响了房子的美观，他就不敢画了。假如此事重复了几次，父亲的批评也就渐渐内射到孩子的头脑里，以后即使父亲不在，他自己在脑子里也能进行判断，这是不应该做的事，于是就停止不做了。换句话说，父亲的道德、价值观念已被小孩内射到他的性格中去了。"孟母三迁"是我国古代有名的故事。就是现在，人们在搬家时。也无不事先探听周围邻居各方面的情况。至于孟母为何三迁，大家又为何如此关心周围的环境，理由很简单，因为懂得"近朱者赤，近墨者黑"的道理。这种近朱者赤近墨者黑的现象，就是内射作用的结果。

内射作用通常是毫无选择性地、广泛地吸收外界的东西。但有时却是通过特别的心理动机，有选择性地吸收、模仿某些特殊的人或物，我们将其称为仿同作用。"仿同"是指一种吸收或顺从另外一个人或团体的态度或行为的倾向。当个体欲吸收他人的以增强自己的能力、安全，以及接纳等方面的感受时，就可采取仿同的心理防卫术。比如说，女孩子因喜欢、羡慕妈妈，结果模仿妈妈，学妈妈擦口红，穿妈妈的鞋和衣服等。通过仿同，有助于小孩性格发展的成熟。

一般说来，仿同的动机是爱慕，是正常的心理现象。但有时却是由两种心理防卫机制而产生的。举例来说，一少女自称生平最反感遇事大声吼叫的女人，可是自己遇到了生气的事，却总是控制不住大吼大叫，而事后又每每因其失态而懊悔。经深入查询，发现这个女孩有一个非常专横的母亲和一个非常柔顺的父亲。家中的事情父母之间一旦存在意见分歧时，只要母亲大声一吼，父亲就俯首称是，照母亲的意思去做。做女儿的生长在这种环境里，久而久之就形成了一种认知，即遇事不分对错，只要谁的声音大，谁就得胜。虽然她理智上知道大声吼叫是不好的，但是在潜意识中，却处处模仿她母亲的粗陋行为，因她觉得这才是制胜之道。一方面她对母亲的这种行为很反感，另一方面又觉得这是应付困境的好办法，只要她面临困境时就大声吼叫。这种一方面感到反感，另一方面又去仿同的现象，称之为"反感性仿同作用"。

与此相类似的现象是与恐吓者仿同，称之为"向强暴者仿同"，它是指有些人常受强者恐吓、威胁或欺负，很害怕，也很讨厌，可是因为被威胁、恐吓得没办法，结果向恐吓者模仿，自己也变成一模一样地去威胁或欺负比他弱小的人，以免除因被人恐吓而害怕的心理，这也是一种心理防卫机制的表现。有些孩子经常被父亲或哥哥殴打、欺负，结果，反而和他们模仿，转而去打弟弟或动物，以减轻或消除自己被欺负的心理。

仿同的心理防卫使用过甚或仿同了错误的模式，其行为反而会变得不正常。充满矛盾的仿同，有时易导致多重性格。上述这些仿同现象，基本上源于"内射"作用。因内射作用主要是婴儿早期心理机制的特点，是人格未成熟时所表现出的心理活动，故内射作用被认为是不成熟的心理防卫机制之一。

退行作用

退行作用是指回复到原先幼稚行为的一种心理防卫术。我们知道。随着年龄的增长，一个人的人格是以循序渐进的方式逐步走向成熟的。因此，人在长大以后，应付事情的方式会有很大改变，比较成熟。比方说，小孩一旦有了排泄的欲望，就会随地大小便，而成人则会考虑到适当的地点或时间；小孩一遇到不如意之事，就痛哭流涕，而成人则会因需要懂得"饮泣吞声"或"强抑悲痛"，甚至强颜欢笑，即既要考虑到什么是社会可接受的行为方式，也要考虑怎样的反应才有效且合适。不过有时人们在遇事后，会放弃已经达到的比较成熟的适应技巧或方式，恢复使用原先较幼稚的方式去应付困难，或满足自己的欲望。这就是退行作用或退行现象。

这种现象是在遭受外部压力和内心冲突不能处理时，借此退回到幼稚行为以使自己感到舒服、安慰的一种心理防卫法。这种现象各年龄阶段均可看到。由于环境的刺激，儿童会放弃已经养成的习惯而恢复到更小时候的水平。例如，有一个5岁孩童，本来已经学会了自行大小便。后来突然开始尿裤子、尿床。为此，他母亲烦恼异常。经过仔细分析，才了解到这家就近添了一个婴儿，母亲把全部精力都放到了小弟弟身上，无暇顾及"不惹麻烦"、"能自己照顾自己"的"乖哥哥"。这个男孩子发觉不能像从前一样获得父母亲的照顾，因此改为退行。

事实上人一生中，难免有重回到未成熟时代的表现以重温旧梦获取满足的时候，只要无伤大雅，均可用来进行心理调节。比如，父亲与孩子捉迷藏，像个小孩子似的在地上玩。这种短时间、暂时性的退行现象，不但是正常的，而且是极其需要的。可是假如一个人遇到困难时，常常退行，使用较原始而幼稚的方法应付困难，或利用自己的退行来获得他人的同情和照顾，以避免面对的现实问题或痛苦，就成了心理问题了。因为退行作用毕竟是一种逃避行为而不是面对困难解决问题，况且不成熟的行为几乎无法避免地把困难加重得愈发不可收拾。假如一个人在小时候，遇到困难时，常发生头痛、肚子痛、手脚麻木等现象，且一头痛就可不去上学，肚子一痛就不用考试，手脚一麻父母就会特别照顾。到长大以后，遇到不能应付的困难时，就易退行，采用同样的方法处理，而"产生"头痛、肚子痛等现象，以此逃避现实的困难。

幻想作用

幻想作用是指一个人遇到现实困难时，因无法处理而利用幻想的方法，使自己从现实中脱离开或存在于幻想的境界中，以其情感与希望任意想象应如何处理其心理上的困难，以得到内心的满足。它是一种与退行作用十分相似的心理防卫术。它可以说是一种部分的且为思维上的退行现象。例如，一个在现实中备受欺凌的女孩，她可以想象自己有一天会碰到一位英俊的王子，且助她脱离苦境带来幸福……这是西方童话中的"灰姑娘幻想"。如果一个男孩子觉得处处受大人限制时，往往会沉浸在"孙悟空式"的白日梦中，认为自己如果有七十二变的能耐，那就好了。对能力弱小的孩子说来，以幻想方式处理其心理问题，是正常的现象。但如果一个成人仍然常常采用这种方式应付实际，就是毛病了。特别当他将现实与幻想混为一谈时，就沦为病态了。

理想化作用是幻想作用的表现之一。它是指对另一个人的性格特质或能力估计过高的现象。当一个孩子对父母理想化时，便树立了一种典范且确信自己同样伟大。他自傲而安全地感受到，他的父亲是世界上最伟大的，他的母亲是最美丽动人的。理想化作用对一个人的安全感有帮助，但会酿成虚幻的自尊，因为理想化作用带有浓厚的自我陶醉色彩。

同其他心理防卫术一样，幻想作用有其积极的一面，比如它能使人获得满足感，使人感到精力充沛和斗志旺盛等。然而，幻想作用也易形成人的陷阱，因为幻想作用往往通过夸大他人的优良表现，从而宽容自己对失望和挫折的反应，形成以他人的成就来代替自己的努力实践的倾向。由于这种满足感是理想化的，而非自己努力的结果。过分使用就会形成不健康的心理和导致一些实际上和情绪上的困扰。

潜抑作用

所谓"潜抑作用"，是指把不能被意识所接受的念头、感情和冲动不知不觉抑制到潜意识中去的一种心理防卫术。它是种心理防卫机制中最基本的方法。

一般而言。人们都具有将一些所不能忍受或能引起内心挣扎的念头、感情或冲动，在尚未为人觉察之前，便抑制、存储在潜意识中的倾向，以使自己不至于知道，保持心境的安宁。这些存储在潜意识中的念头、感情和冲动，虽不为人知，却可能不知不觉影响到人们的日常行为，往往做出些莫名其妙的事情来。换句话说，潜抑作用乃是于把不愉快的心情，在不知不觉中，"有目的地忘却"，以免心情不快。它与通常所谓的"自然遗忘"，即因记忆痕迹的消灭而自然忘掉的情形性质不同。与压制作用也不一样，压制作用是指有意识地抑制自己认为不该有的冲动与欲望的现象。

有个女孩子常常在傍晚突然惊叫，接着在地上打滚，大吵大闹，有时甚至作出一些怪动作，像跳舞一般在地板上跑来跑去。每次发作一两个小时，夜夜如此，持续了好几个月。家里人束手无策，只好带她到心理门诊求治。最后发现这个女孩的父亲非常疼爱她，管束得也比较严，不让她随便外出或与男性交往。生病那天，她早已与一位朋友约好了出去跳舞，本来准备到了傍晚，乘父亲不在时偷偷地溜出去与朋友会合。不巧，当天晚上吃过晚饭之后，她父亲一直坐在门口看报纸寸步不离，所以无法出去赴约。她一方面害怕父亲，不敢开口向父亲要求出去；另一方面又担心朋友会一直站在外面等，于是心里非常着急。在这种越等越急的情况之下，她忽然大声叫，大声闹，在地上打滚，四处乱跳。自此之后，每到傍晚便自然感到焦约不安，然后就发作起来。后来慢慢的她已将第一次发病的病因"忘"得一干二净。

从这个女孩子的例子看来，不难理解，她把那件事情完全"潜抑"下来，让自己也不知道到底是怎么回事。虽然她把那件不愉快的事情潜意识地忘却了，但其所引起的焦灼不安感却仍然存在，而且常常以症状的形式出现。人在浅睡眠状态时，意识的控制较弱，原被抑制到潜意识的信息，便会再度出现。

同其他心理防卫术一样，潜抑作用也具有二重性。就其积极方面而言，它能帮助人们控制足以引发罪恶感受的冲动或与道德伦理相违背的念头，以及它能通过一种暂时的"遗忘"来保护受创伤的心灵。但潜抑作用也是一种消极的逃避行为，并不能从根本上解决问题。

隔离作用

所谓"隔离作用"是指，将部分的事实从意识境界中加以隔离不让自己意识到，以免引起精神上的不愉快。此处所讲的部分事实乃是指整个事情中的一部分，最常被隔离的是与事实相关的感觉部分。

隔离作用在现实生活中随处可见。比如，不说人死了，而说仙逝、归天或长眠等。因为后面这些字同样

能表达"死"讯，从感觉上来讲，也不会感到太悲哀或不祥，这便是隔离作用的例子。男女在谈恋爱时，不好意思直说"我爱你"而改说英文"I love you"，其实意思一样，却少了许多肉麻的感觉，不外是利用"隔离作用"。又比如，年轻的女孩往往喜欢说上洗手间，而不直接说上厕所。究其原因，不外乎洗手间较文雅。因为听到"厕所"这个字眼，难免联想到污秽满地、臭气冲天，心理会自然而然产生一种厌恶之感。用"洗手间"来代替，人们既知道所指，又不会引起污秽肮脏之感，说起来和听起来都要舒服得多。这把观念和感觉隔离，只留下人们可理解的观念，而把可能引起不快感觉隔离起来的现象，心理学上称之为"隔离作用"。

转移作用

转移作用是指把对某一方的情绪反应转移到另一方的心理防卫术。这是人们常有的倾向，即把自己对某一对象的情感，诸如喜爱、憎恶、愤怒等，因某种原因无法向其对象有直接发泄，而转移到其他较安全或较为大家所接受的对象身上。举例如下：

一位丈夫，在办公室里受了上级的责备，一肚子的气因工作而不敢发作，只好忍气吞声。但一回到家中，可能就会对妻子粗声粗气，甚至发一阵子脾气，而做妻子的莫名其妙，一肚子火没处发，刚好小儿子在旁边，

便顺手给了儿子一巴掌。儿子平白无故地挨了一巴掌，满腔愤怒，真想回敬一下，但孩子当然不能打妈妈，回头一看，小花狗正在摇尾巴，走过去抬起脚就给了小花狗一脚……

本来是丈夫受了上级的气，转来转去，最后发到了小狗身上。尽管怒气没有发到本来的对象身上，但因为得到了转移，出了气，心情也就舒展多了。这是因为对某一对象的情感、欲望或态度，是不为自己或社会所接受的，所以把它转而移到另一个比较可以接受的对象身上，以减轻自己精神上的负担，即为"转移作用"。一般说来，人们所转移的对象，与原来的对象有相似关系，具有代替的性质。

还有一对姐妹，同时喜欢上了一位男子。经过一段时间的追求，结果姐姐与这位男士结婚，并生一儿一女。后来姐姐不幸病故，这位男士便续弦其妹为妻。婚后妹妹常常虽然对姐姐遗留下来的男孩子较好，可对那位女孩子却很凶，常常无缘无故地打她，待她好像仇人一样，她自己也莫名其妙。在心理咨询中才得知：因姐姐抢走了男友，心里非常气愤，便不知不觉地把对姐姐的仇恨，都发泄到长得很像姐姐的女孩子身上去了，这也是转移作用的结果。

反向作用

反向作用是指采取一种与原意相反的态度或行为的心理防卫术，它是人们为处理一些不能被接受的欲望与冲动所采用的防卫手段。人有许多原始冲动和欲望，由于是自己及社会所不容忍和不许可的，故常被压抑而潜伏到所谓的潜意识之中，不为自我所觉察。这些欲望及冲动虽然被抑制下去，但并未被改变或消除，仍然具有极大的驱动力，随时在伺机爆发。所以为防止这些冲动爆发出来，不得不加强防御。例如：

有一个 2 岁多的小女孩，喜欢吮大拇指。每当被妈妈发现时，就会遭责骂，甚至挨打。这个小女孩很快知道吮手指头是不被妈妈所接受的，如被发现就会受处罚。以后她每次见到妈妈就把两手放在背后，抢先向妈妈声明："妈妈，我没吮手指头。"

其实，她没有吮手指头，手放下来就可以了，为什么要藏在背后去呢？这表明她内心有很强的吮手指头的冲动，唯恐手太接近嘴边，控制不住而将手指头放进嘴里去吮就糟了。为了对抗这种冲动，只好把手放得离嘴越远越好。这个例子足可显示出人的某些行为，如果过分，可能正表示了他潜意识中有刚好相反的欲望，反而使人怀疑他在这方面可能存在心理问题。这种内心有一欲望或冲动，可是因为表现出来就会引起不良后果或受到处罚，所以只好拼命去控制，结果不但不敢表现，反而由相反方向去表现者，即为反向作用。

这种矫枉过正的反向作用，在日

常生活中常常可以观察到。比方说，有的人内心很凶，唯恐凶性发作不可收拾，于是在外在外表上表现得非常温和、慈善，即所谓"满口仁义道德，一肚子男盗女娼"。当然，反向作用指的是本人不知不觉中使用此种心理防卫法。自己一无所知，真的相信自己是所表现的那种人，如果有人暗示他可能是别的一种人，他就会暴跳如雷，并不是一般人所说的"伪君子"、"伪善者"。

反向作用若使用得当，不仅无害，而且可能有助于人们的社会适应能力。然而遗憾的是反向作用往往被人过分使用，不仅不能使他们做应做之事，而且耗费了许多精力，做出违背意愿的行为。举例来说，作继母的大多不会像亲生母亲一样疼爱子女，当孩子做错事、惹麻烦时难免会产生一种厌恶之感。其实，即使亲生父母亲有时也会产生这种感觉，否则就不会听到有父母打骂孩子的事情了。但是亲生父母打骂孩子似乎是天经地义的，可以公开表现其心境；而继母则不然，怕打骂孩子或表示讨厌孩子会引起别人非议，所以即使孩子行为确实需要管教（处罚乃管教的一部分）也不敢，有时反而过分溺爱放纵，以表示自己并非"不爱"他。这样一来，作继母的不但需要消耗很多的精力来抑制自己的怒气和不快，而且要费更多的精力去表现自己"喜爱"孩子。这种矫枉过正的结果，对孩子不但无益反而有害，孩子娇

生惯养，有一天会变成问题儿童。更严重的是，小孩会体会到继母的内心是如何地恨他，而一点都不感谢她的"爱"。

抵消作用

所谓"抵消作用"是指，以象征性的事情来抵消已经发生了的不愉快的事情，以补救其心理上的不舒服的一种心理防卫术。健康的人常使用此法以解除其罪恶感、内疚感和维持良好的人际关系。如一个小孩会说"对不起"，或以乖的表现来弥补他的错误行为。一个小孩长大之后，同样会在适当的时候继续以这种表示歉意的方式来补偿自己的不当行为。过年的时候，我国的习俗是图吉利，最好不要打破东西，不要讲不吉利的话，否则这一年财运都会不好。如果不慎打破了碗，则家里的老人们会急忙说："碎（岁）碎（岁）平安"，用谐音法来抵消。其道理何在呢？这是因为一些不幸事件，使我们心里难受和不安，由于事情本身已经发生了无法补救，只好作一些象征性的事情来弥补，以减少内心的不安。这种做一些象征性的事，企图抵消已经发生了的不好的事。

有时抵消作用不是用来弥补已经发生了的事实，而是用来抵消自己内心的罪恶感，或自己以为邪恶的念头。比方说，妈妈照顾小孩，不小心让小孩子碰到了门、撞倒了桌子而哭起来，做妈妈的常常会用打门、打桌

子的方式来哄小孩子。其实并不是作大人的相信门或桌子真会撞人。或者是打门或打桌子就帮小孩子出了气，只不过是因为内心不安，觉得自己对孩子照顾不周，故意得做出一些事情来象征"我也尽了力"，以抵消其内疚。

补偿作用

补偿作用是指，个体企图用种种方法来弥补其因生理或心理缺陷而产生的不适感，从而减轻其不适感的一种心理防卫术。这种引起心理上产生不适感的缺陷，可能是事实，也可能仅仅是想象而存在的。有些人觉得自己的身体素质欠佳，不能在运动场上骁勇称霸，于是在学习上拼命用功，在考场上夺冠摘桂。有的人功课不好，便在社交场所大出风头。所谓"失之东隅，收之桑榆"，乃补偿作用也。

补偿作用使用得当，对维护自身形象及心理健康极为有利；运用不当或过度，则会产生负效应。

一位母亲，在朋友的劝告下到心理门诊求治。她有三个孩子，老大、老二念中学了，品学兼优，做母亲的对他们的教育得心应手，效果较好。唯有老三，已7岁，顽皮异常，经常惹祸，母亲对他束手无策，无计可施。这位母亲说："我最疼爱这个孩子，有好穿的让他先穿，有好吃的让给他吃，打都打不下手。"

经过数次会谈，才发现做母亲的曾因身体虚弱，生了两个孩子后便不想生了，但意外地又怀了孕，自己吃了些药想打胎，却没有成功，只好作罢。结果孩子生下来以后，体重不足，长大了些又常常生病，做母亲的总感到有愧于他，认为自己没有资格作他的母亲，所以为了补偿自己的罪恶感，便对这个孩子格外溺爱，要什么给什么，要怎样就怎样。孩子受娇纵，就产生了行为问题。经过心理医生的分析，母亲认清了自己因过分溺爱儿子反而害了他，便一改往日作风，对此子严加管教，不久孩子的问题就消失了。

另有一位17岁的男孩，近来突然拼命运动，外出必须戴上宽边太阳镜，叼上一支大号的雪茄，一开口便说有多少女孩子在追求他……以各种方式想表现他是一个很了不起的男人。经了解发现这个男孩生长在一个女性化的家庭，有六个姐姐，他是惟一的男孩，平时就很担心敌不过那些"娘子军"，最近在学校里又被女生嘲笑他扭扭捏捏，像个姑娘。经过此次刺激后，他突然来了一个180度大转弯，企图用行动来向他人证明自己是一个很富有阳刚之气的男人，于是出现了这种过分的补偿现象。可见，补偿作用可形成一种强有力的成就动机和有效能的力量，以适应人们改正自己的缺陷。补偿作用还可以增进安全感、提高自尊心以及维护心理健康水平。但是过分的补偿则害多益少，不利心理健康。

合理化作用

合理化作用又叫文饰作用，是指个人遭受挫折或无法达到所要追求的目标，以及行为表现不符合社会规范时，用有利于自己的理由来为自己辩解，将面临的窘迫处境加以文饰，以隐瞒自己的真实动机或愿望，从而为自己进行解脱的一种心理防卫术。合理化作用是人们运用得最多的一种心理防卫机制，其实质是以似是而非的理由证明行动的正确性，掩饰个人的错误或失败，以保持内心的安宁。

一般说来，每种现象或事件的发生，都可用许多理由与方法进行解释。合理化则是从个体的心理需要出发，从一系列理由中选择其中一些合乎自己内心需要的理由去特别强调。而忽略其他理由，以避免心理上的痛苦。古时候有个故事，说是一个吝啬的主人带了仆人外出，途经一所小店，主仆二人进去各吃了一碗面当作晚饭。作仆人的心想应该由主人付钱，就没有自己结账。做主人的碍于面子，勉强替仆人付了钱，心里却极不情愿。出得店来，天色已黑，仆人点上灯笼，跟随在主人身后，慢慢向前赶路。主人因为刚才的事心里还在生气，便借题发挥，转身对仆人说："你打着灯笼，却走在我后面，我怎么看得见路？"仆人一听，提起灯笼，脚底加油，快走了几步赶到主人前面照路。哪知气喘未定，却听见主人大吼一声说："你好大的胆子，居然走到了我的前头，让我变成你的跟班了？"仆人一听，走在前面也不行，便后退一步与主人同行，心想这下可行了吧？谁知主人火气更大，停下来说道："好了，造反了，你这样子与我并肩而行，难道我们是平起平坐的吗？"仆人无可奈何，只好低声抗辩："老爷，我走前也不是，后也不是，平行也不是，请问老爷，您到底要我走到哪里呢？"老爷两眼一翻说："把刚才那顿饭钱还给我，你爱走哪里就走哪里。"这虽然是个笑话，却说明了同一件事情可以有许多不同的看法，而各种看法虽然不同，却都言之在理。重要的不在于说出来的"理由"，而在于其本来的动机。

同样的道理，人的行为常常由许多不同的动机而产生。一般说来，越是发于情感的，越是以自我为出发点，在各种动机当中所起的作用就越大，但人类往往企图以冠冕堂皇的大道理来解释其行为，以冲淡其潜意识中因自私冲动而引起的不安。这种在一系列的动机当中，选择一小部分最动听、最崇高，而且最适合"理性"的动机加以强调，企图掩盖其内心所不能接受的原因，仿佛只有这一种原因而无其他，以使自己感觉到心安理得的心理防卫机制，就是合理化作用。一般而言，小孩到了四五岁，随着言语及思维能力的发展，已经会使用合理化作用，而且很喜欢用，所以听起来常常觉得他们在强词夺理。比如说，2岁的妹妹手上拿着一颗糖果，4岁的哥哥伸手就抢了过来，还没等放到口中，妹妹就哭了起来，妈妈赶来追问究竟，妹妹一边哭一边伸手指哥哥手中的糖果。妈妈责骂哥："为什么抢妹妹的糖果？"哥哥便将此合理化说："我不是'抢'妹妹的糖，我是替妹妹把糖果'拿'开，怕妹妹吃坏了牙齿。"

合理化作用与外射作用不同。外射作用是将自己内心无法接受的感觉、动机及行为归于别人，以保持自己心灵的宁静。合理化作用则在为自己找冠冕堂皇的理由，在此过程中或前提之下，往往诿过于人。比如，一位学生考试未及格，即归咎于教师教得不好，其实，考试失败的原因有很多，像天资不够、没有用心听讲、准备不充分等，并不一定是教学问题，然而，承认前面任何一种理由，都会引起自己心中的不快，如果归咎于教师教得不好，就心安理得了。

合理化的另外一种表现是，在追求某一种东西而得不到时，为了冲淡自己内心的不安，就得为自己找一个言之成理的"理由"，于是常常将对方贬低，认为并非我追求不力、条件不够，而是"不值得"太卖力，借以安慰自己，《伊索寓言》中吃不到葡萄便说葡萄酸的狐狸，就是很好的例子。有的男性追不到某一女孩，就说："哼！那种女孩子，水性杨花，嫁给我，我都不要！"这种认为自己得不到或没有的东西就是不好的现象，即称为"酸葡萄"心理。容貌平平的女人，特别相信"红颜薄命"，也是这个道理。

另一种与此恰恰相反的合理化作用，称之为"甜柠檬"心理。具有"甜柠檬"心理的人，不说自己得不到的东西不好，却百般强调凡是自己所有的东西，都是好的。如果他得不到葡萄，只有柠檬，就认为柠檬是甜的，这样也可以减少内心的失望和痛苦。比如说，有的孩子，天资稍差，智力平平，便安慰自己说"憨人有憨福"；有人被偷了，就说"失财免灾"。这种知足常乐的心理防卫机制，不失为一种帮助人们接受现实的好方法。所以说合理化作用运用得当，可以消除心理紧张、缓和心理气氛、减少攻击性冲动和攻击行为产生的可能性。若运用过度，则会妨碍人们去追求真正需要的东西。

压抑作用

压抑作用是指，当一个人的欲望、冲动或本能无法达到满足或表现时，有意识地去压抑、控制、想办法延期以满足其需要的一种心理防卫术。它是最基本的成熟的心理防卫机制。换句话说，压抑作用是"自我"机能发展到一定程度之后，才能执行的心理机能。举例来说，一个儿童看到食品店门口摆着香喷喷的食品时，只能抑住口水，不会赖要或偷拿，心想：这是商店里东西，自己不能拿来吃，回家向妈妈要钱来买才行……可以说我们之所以能保持正常的人际关系、社会秩序，很大程度上是依靠每个人的压抑作用来约束自己的行为的。越是成熟、有修养的人，就越能自如地使用压抑作用。

在心理治疗过程中，常常看到一些病人因过分使用压抑作用，把自己本来无可非议、正常的欲望或本能都拼命地去压抑，以致无法自由行动，形成一种病态反应。一般说来，过分谨慎、严肃、呆板的强迫性性格异常者，就属于这种例子。所以，如何适当地应用压抑作用来调节原始的欲望，使自己能恰如其分地应付现实环境，并符合社会价值规范，是人格完善与成熟的基本内容。

升华作用

升华作用是指，把被压抑的不符合社会要求的原始冲动或欲望，用符合社会要求的建设性方式表达出来的一种心理防卫术。在现实社会中，个体的某些行动或欲望，是与社会规范不相符合的，如果直接表达出来，就可能产生不良后果而受到责罚，因而必须改头换面以迂回曲折的方式表现出来。比如说，将杀人、打人的冲动，改为以骂人或仅仅是讽刺人的方式来表现。因为杀人、打人是社会所不容许的，会受到严重的处罚；但骂人或讽刺人，则显得无所谓。这样采取社会较能接受的方式，同样可以发泄自己的本来情感，而不会引起内心

的焦虑与紧张。如果将这些冲动或欲望，导向此较崇高的方面，使其以有利于社会和本人的形式表现出来时，无意识欲望即得到满足，这个过程就叫做升华。例如，当某人遭受爱情挫折时，他可以转向写诗、写小说、绘画、弹琴或雕塑等，抒发自己被压抑的情感，就是升华作用。

有位保险公司的火灾调查员，每次听到哪里有火灾，就马上跑过去看，以便调查起火的原因，帮助公司鉴定，是否需要负责给予赔偿。这位职员每到火灾现场时，总会产生一种说不出的兴奋，因为他从小就有一种嗜好，喜欢拿火柴点火玩，看到东西燃烧就觉得很高兴。他虽有这种玩火的欲望，却不会随便去放火，变成纵火犯，反而善于利用就当了一名火灾调查员，为公司服务，可说是升华作用之例。

升华作用能使原来的动机冲突得到宣泄，消除焦虑情绪，保持心理上的安宁与平衡，还能满足个人创作与成就的需要。

利他作用

利他作用是指，采取一种行动不仅能直接满足自己的欲望与冲动，同时所表现的行为又可帮助他人、有利于他人，受到社会赞赏的一种心理防卫术。它是一种与升华作用类似的心理防卫机制。比如，某人一看到小孩就产生浓厚的兴趣，希望与之接近。假如她想办法去从事于一种工作，如

去幼儿园做保育员，就可天天与小孩子在一起，照顾小孩，满足自己的兴趣，同时又对孩子们有好处，可以说是利他作用的表现了。在社会生活中，许多从事社会福利工作的人员，往往也是应用利他作用的机制既满足自己，又满足他人的。

需要了解的心理治疗方法

行为疗法

行为疗法又称行为治疗，是基于现代行为科学的一种非常通用的新型心理治疗方法。行为疗法是运用心理学派根据实验得出的学习原理，是一种治疗心理疾患和障碍的技术。行为疗法把治疗的着眼点放在可观察的外在行为或可以具体描述的心理状态上。因此，行为疗法的代表人物沃尔普将其定义为：使用通过实验而确立的有关学习的原理和方法，克服不适应的行为习惯的过程。

行为疗法理论认为，人的行为不管是功能性的还是非功能性的、正常的或病态的，都经学习而获得，而且也能通过学习而更改、增加或消除。学习的原则就是受奖赏的、获得令人满意结果的行为，容易学会并且能维持下来；相反，受处罚的、获得令人不悦结果的行为，就不容易学会或很难维持下来。因此，掌握了操作这些奖赏或处罚的条件，就可控制行为的增减或改变其方向。

行为疗法的实施，首先应通过选择，明确认定想更改、除去或养成的行为，如社交恐怖、广场恐怖、焦虑症等，然后就其治疗目标的行为性质，选择一套可描述的事先拟定的治疗策略与方法进行治疗。行为治疗不关心所谓"潜意识"或"内在精神的症结"，也不管病情发生的动态和因果关系，而是把着眼点放在当前可观察的非适应性行为上。行为疗法相信只要"行为"改变，所谓"态度"及"情感"也就会相应改变。

系统脱敏疗法

系统脱敏疗法又称交互抑制法，是由美国学者沃尔帕创立和发展的。这种方法主要是诱导求治者缓慢地暴露出导致神经症焦虑、恐惧的情境，并通过心理的放松状态来对抗这种焦虑情绪，从而达到消除焦虑或恐惧的目的。系统脱敏法的程序是逐渐加大刺激的程度。当某个刺激不会再引起求治者焦虑和恐怖反应时，心理医生便可向处于放松状态的求治者呈现另一个比前一刺激略强一点的刺激。如果一个刺激所引起的焦虑或恐怖状态在求治者所能忍受的范围之内，经过多次反复的呈现，他便不会再对该刺激感到焦虑和恐怖，治疗目标也就达到了。这就是系统脱敏疗法的治疗原理。

系统脱敏法的变式主要有：

（1）快速脱敏法，或称真实生活脱敏法。此法的主要特点是用造成恐惧反应的实际刺激物代替对它的想象；治疗者陪伴着病人通过一系列令病人感到恐惧的情景，直到抵达原先最害怕的情景而不再紧张为止。这种方法比较适用于广场恐惧症和社交恐惧症病人。例如，对于一个害怕拥挤和同生人接触的恐惧症病人，可以让他在治疗者的陪同下，于清晨外面人少时乘车到闹市区去。到达后先让病人在车内坐几分钟，如果不感焦虑，可鼓励他下车到商店门口走走……直到病人敢于进入拥挤的商店购物而无焦虑反应为止。

（2）接触脱敏法。这种方法特别适用于特殊物体恐惧症，例如对蛇和蜘蛛的恐惧症。接触脱敏法也采用按焦虑层次进行的真实生活暴露方法，与其他脱敏方法的不同之处是增加了两项技术——示范和接触。让病人首先观看治疗者或其他人处理引起病人恐惧的情境或东西，而后让病人一步一步地照着做。如果病人害怕的是一种东西，如蛇，那就让病人观看过治疗者触摸、拿起和放下蛇的示范后，先从事一些与接近、触摸蛇有关的一些活动，而后逐渐接近蛇、触摸它，直到敢于拿起它而无紧张感为止。

（3）自动化脱敏法。根据同病人的一系列交谈的结果，治疗者将所识别出的病人的焦虑情境（如喧闹嘈杂的声音、拥挤的人群或爬行中的蛇）录音、录像，而后利用这些制备好了的录音、录像对病人进行治疗。这种方法的突出优点是，病人可以在家里独立使用，而不必花费治疗者太多的时间；病人可以依自己的情况自己决定脱敏的速度和进度，这有助于减少脱敏治疗中的一些不良反应；录言和录像中可加入治疗者的指导和有关的治愈范例，从而也可起到指导与示范作用。

自动化脱敏法可用于对即将接受接触脱敏、快速脱敏和冲击治疗的病人的准备中，也可以作为其他脱敏法的一个补充，在其他脱敏治疗的间歇期作为一种家庭作业而采用。此外，对于非恐惧症患者，例如对即将到来的临床检查和治疗而感到有些紧张不安的病人，自动化脱敏法也可发挥其独特的作用。

（3）情绪性意象法。这个方法由拉扎拉斯等最先提出。这种方法的主要特点是通过形象化的描述，诱发病人兴奋、骄傲和欢乐等积极的情绪情感活动。这些积极的情绪情感活动显然与由恐惧刺激物所引起的焦虑反应互不相容，从而就可以逐渐抑制和消除恐惧的心理。据报道，情绪性意象法最适用于儿童病人。

满灌疗法

满灌疗法也称暴露疗法，它与系统脱敏疗法正好相反。治疗一开始就让患者进入最使他恐惧的情境中。一般采用想象的方式，鼓励病人想象最使他恐惧的场面，或者心理医生在旁边反复地、甚至不厌其烦地讲述他最感害怕的情景中的细节，或者用录像、幻灯片放映最使病人恐惧的情景，以加深病人的焦虑程度，同时不允许患者采取堵耳朵、闭眼睛、哭喊等逃避措施。在反复的恐惧刺激下，使患者因焦虑紧张而出现心跳加剧、呼吸困难、面色发白、四肢发冷等植物神经系统反应，病人最担心的可怕灾难并没有发生，焦虑反应也就相应地消退了。或者直接把患者带入他最害怕的情境，经过重新实际体验，觉得也没有什么了不起，慢慢地就不怕了。

满灌疗法不需要进行任何放松训练，而一下子呈现最强烈的恐怖、焦虑刺激（冲击）或一下子呈现大量的恐怖、焦虑刺激（满灌、泛滥），以迅速校正病人对恐怖、焦虑刺激的错误认识，并消除由这种刺激引发的习惯性恐怖、焦虑反应。故也称为冲击疗法或泛滥疗法。

一位患有不洁恐惧症和癌症恐惧症的女病人，每天花大量时间洗手、刷家具、擦地板，几年不敢睡自己的床而与母亲同睡。为治好她的病，心理医生亲自带头，用手接触地板和鞋底，又用脏手去接触水杯口，再喝下杯子里的水，然后让病人照样去做，而且两小时内不准洗手。这样，让病人接触脏物引起的焦虑和恐怖，经过

两小时的延缓，自行获得部分消退。

最初病人要洗 1 小时"消毒"，以后逐渐限制洗手时间，45 分钟，30分钟，15 分钟。每天让病人在家里重复上述过程，几天之后，让她回到自己尘封多年的脏床上睡觉，最后让病人坐在癌症病人坐过的椅子上，并与癌症病人握手。这些措施使患者陷入了惊恐、失眠、食欲不振的状态，不用任何镇静药物，等待焦虑症状自行缓解。经过一段时间的治疗，病人对不洁和癌症的恐怖逐渐消失。

上述疗法，在心理上称为满灌疗法，是鼓励患者直接接触引起恐怖焦虑的场景，坚持到紧张感觉消失的一种快速行为治疗疗法。如果患者合作，可以在几天或几星期内，至多 2个月内取得明显疗效。

由于满灌疗法一开始就让患者进入最让其恐惧的情境中（也可以让病人想象最使其恐惧的场面），同时不允许患者采取闭眼睛、哭喊、堵耳朵等逃避行为，在反复恐惧刺激下，即使患者因焦虑紧张而出现心跳加快、呼吸困难、面色发白等反应，而患者最担心的灾难并没有发生。这样患者的焦虑反应相应消退，恐惧症状也慢慢消除了。

满灌疗法常被用来治疗焦虑症、恐惧症和强迫症。在具体运用时，因为要考虑患者的文化水平、需要暗示程度、发病原因和身体状况等因素，所以最好在医生指导下进行。对体质虚弱、心脏病、高血压和承受力低的

患者，不能应用本法，以防意外发生。

厌恶疗法

厌恶疗法又称"对抗性条件反射疗法"，它是应用惩罚的厌恶性刺激，即通过直接或间接想象，以消除或减少某种适应不良行为的方法。厌恶疗法的特点是：治疗期较短，效果较好。

厌恶疗法适用于治疗酒癖、烟癖、药癖、性变态、强迫观念、儿童不良习惯和行为矫治等。通过对患者的对抗性条件训练，使其形成一种新的条件行为，以此消除患者的不良行为。

厌恶治疗的形式有下列三种：

第一种是电击厌恶疗法。即将求治者习惯性的不良行为反应与电击连在一起，一旦这一行为反应在想象中出现就予以电击。电击一次后休息几分钟，然后进行第二次。每次治疗时间为20～30分钟，反复电击多次。治疗次数可从每日6次到每两个星期一次，电击强度的选择应征得求治者的同意。

第二种是药物厌恶疗法。即在求治者出现贪恋的刺激时，让其服用呕吐药，产生呕吐反应，从而使该行为反应逐渐消失，药物厌恶疗法多用于矫治与吃有关的行为障碍，如酗酒、饮食过度等，其缺点是耗时太长，且易弄脏环境。

第三种是想象厌恶疗法。即将心理医生口头描述的某些厌恶情境与求治者想象中的刺激联系在二起，从而产生厌恶反应，以达到治疗目的。此疗法操作简便，适应性广，对各种行为障碍疗效较好。

运用厌恶疗法进行治疗时，厌恶性刺激应该达到足够强度，通过刺激确能使求治者产生痛苦或厌恶反应，持续的时间为直到不良行为消失为止，如强迫观念患者，用拉弹皮圈法进行治疗，头几天当强迫观念出现时要接连拉弹30～50次，才能使症状消失。

逆转意图疗法

逆转意图疗法又称"矛盾意向疗法"，它是心理医生让求治者故意从事其感到害怕的活动，从而使求治者对该行为的发生感到无所谓，达到使害怕反应不再发生之目的的一种心理治疗方法。这种疗法的理论假设是：求治者在有意进行的某种行为活动中，改变了自己对该种行为的态度，这使得原来伴随该行为而出现的不适应情绪状态与该行为脱离，从而达到治疗的目的。

对一位失眠的求治者，心理医生在采取逆转意图疗法治疗时，其方法即是让其故意坚持不睡，躺在床上，不看电视，不看书报，保持清醒，通宵达旦，不准入睡，而白天照常从事正常活动。如此治疗数日，当求治者无论如何也抵制不了睡眠的需要时，在经过补偿性睡眠之后，再让求治者恢复正常作息时间。又如治疗面肌习惯性抽动症，便让求治者主动收缩面肌，并规定较高的频率，直到出现疲劳感为止，且每天令其重复操作，经过多次训练，便可达到逐渐消除习惯性抽动的目的。此法还可用于对恶劣家庭关系的治疗。如夫妻间每天都要用冷言恶语去刺激对方，用要挟、报复等各种手段去惩罚对方，对如此恶性循环而不能自拔的家庭关系，使用逆转意图疗法时，便应要求反目的夫妻双方每天一丝不苟地完成指定的"家庭作业"，而且一定要吵够一个小时或两个小时才允许收场。要他们主动找借口，搜寻以往生活的嫌隙，作为舌战的炮弹，直到全部打光，粮尽弹绝，互愿休战为止。从相反的方向来暴露人类行为中的弱点，达到自我觉悟、矫正不适应行为的目的。

逆转意图疗法可以由求治者自己执行，这样同样能帮助求治者迅速克服那些由具体生活事件引起的害怕情绪，如上司召见、招聘面试、考试怯场等。

强化疗法

强化疗法又称操作条件疗法，是指系统的应用强化手段去增加某些适应性行为，以减弱或消除某些不适应行为的心理治疗方法。强化是指通过施加或呈现一定刺激来加强对某种行为的刺激。

强化疗法是以操作学习理论为基础的。即个体活动的结果直接影响其行为在以后发生的概率，如果行为的结果是积极的、就会形成条件反向，这种行为在以后还会发生；如果行为的结果是消极的就只会产生消退作用，个人在以后就不会再出现这种行为。心理医生可通过"操作"这种关系，改变患者的不良行为。

依据操作学习原理，强化可以分为四种类型：

（1）正强化：给予一个好刺激。为了建立一种适应性的行为模式，运用奖励的方式，使这种行为模式重复出现，并保持下来。例如，一个胆小的学生突然在课堂上举手发言，马上给予表扬和肯定；一个学生的期末考试成绩排名，由上期的第 40 名上升到第 10 名，家长奖给他一台电子游戏机等。

（2）负强化：去掉一个坏刺激。为引发所希望的行为的出现而设立。例如，一位小学生仍有吸吮手指头的习惯，这种行为一出现就受到指责，但一旦他不再吸吮手指了，就应立即停止对他的指责。

（3）正惩罚：施加一个坏刺激。这是当不适当的行为出现时，给予处罚的一种方法。往往是给对方一种使之感到不快的刺激，如随地吐痰，当即罚款。在实行这种惩罚方式时必须注意，意义要明确，时间要适当。

（4）负惩罚：去掉一个好刺激。

这种惩罚比正惩罚更为常用，不适当的行为出现时，不再给予原有的奖励。如小孩放学回家在路上贪玩，回家较迟，则取消他当日18：30分看卡通片的"权利"。

使用强化疗法，可起到三个作用：增加适应性行为；提高期望行为发生的可能性；降低过剩行为。

模仿学习疗法

模仿学习疗法又称示范性疗法，是利用人们能通过模仿学习获得新的行为反应的倾向，来帮助那些具有不良行为的人，以适当的反应取代其不适当的反应，或帮助那些缺乏某种行为的人学习那种行为。模仿学习疗法的心理学原理认为，学习的产生是通过模仿过程而获得的，即一个人通过观察另一个（模型）的行为反应而学得。大量的心理学研究结果也表明，人类的大多数行为都是通过观察学会的。而且，模仿学习可以在既没有模型也没有奖励的情况下发生，个体仅仅通过观察其他人的行为反应，就可以达到模仿学习的目的。人们的大量行为都是通过模仿而习得的，包括人的不良行为也常常是通过这一途径而形成的。如儿童看到成人或电视中的攻击行为，自己就会变得富有攻击性。

模仿学习疗法特别适用于集体治疗，是行为疗法中常用的方法之一。运用模仿学习疗法通常采用三种方式：看电影或电视录像、听录音、由心理医生做示范等。

在进行心理治疗时，心理医生常常运用模仿学习疗法治疗恐惧症、与焦虑情绪有关的行为问题，以及其他类型的行为障碍。

放松疗法

放松疗法又称松弛疗法、放松训练，它是一种通过训练有意识地控制自身的心理生理活动、降低唤醒水平、改善机体紊乱功能的心理治疗方法。实践表明，心理生理的放松，均有利于身心健康、起到治病的作用。像我国的气功、印度的瑜伽术、日本的坐禅、德国的自生训练、美国的渐进松弛训练、超然沉思等，都是以放松为主要目的的自我控制训练。

放松疗法是基于下述理论假设，即认为一个人的心情反应包含"情绪"与"躯体"两部分。假如能改变"躯体"的反应，"情绪"也会随着改变。至于躯体的反应，除了受自主神经系统控制的"内脏内分泌"系统的反应，不宜随意操纵和控制外，受随意神经系统控制的"随意肌肉"反应，则可由人们的意念来操纵。也就是说，经由人的意识可以把"随意肌肉"控制下来，再间接地把"情绪"松弛下来，建立轻松的心情状态。在日常生活中，当人们心情紧张时，不仅"情绪"上"张皇失措"，连身体各部分的肌肉也变得紧张僵硬，即所谓心惊肉跳、呆若木鸡；而当紧张的情绪松弛后，僵硬肌肉还不能松弛下来，即可通过按摩、沐浴、睡眠等方式让其松弛。基于这一原理，"放松疗法"就是训练一个人，使其能随意地把自己的全身肌肉放松，以便随时保持心情轻松的状态。

放松疗法常和系统脱敏疗法结合使用，同时也可单独使用。渐进性的放松训练是对抗焦虑的一种常用方法，和系统脱敏疗法相合，可治疗各种焦虑性神经症、恐惧症，且对各系统的身心疾病都有较好的疗效。

生物反馈疗法

生物反馈疗法是利用现代生理科学仪器，通过人体内生理或病理信息的自身反馈，使患者经过特殊训练后，进行有意识的"意念"控制和心理训练，从而消除病理过程、恢复身心健康的新型心理治疗方法。反馈是指一个系统的输出信号，重新返回到本系统。对本系统功能起增减作用的现象。运用生物反馈疗法，就是把求治者体内生理机能用现代电子仪器予以描记，并转换为声、光等反馈信号，因而使其根据反馈信号，学习调节自己体内不随意的内脏机能及其他躯体机能，达到防治身心疾病的目的，由于此疗法训练目的明确、直观有效、指标精确，因而求治者无任何痛苦和副作用。据国内有关报道证实：生物反馈疗法对多种与社会心理

应激有关的身心疾病都有较好的疗效。

运用于生物反馈治疗的设备有：肌电反馈仪、皮肤温度反馈仪、皮电反馈仪、脑电反馈仪及脉搏反馈仪等。仪器的操作者需经过专业训练，以保证结果的可靠性与科学性。

在实施生物反馈疗法前，必须向病人解释清楚治疗的目的和治疗方法，以消除对电子仪器的顾虑，即使求治者明白，无电流通过的躯体，也无任何其他危险。并说明此疗法主要依靠自我训练来控制体内机能，且主要靠平时练习，仪器监测与反馈只是初期帮助自我训练的手段，而不是治疗的全过程。要每天练习并持之以恒，才会有良好效果，全部解释可用录音带播放，再作个别答疑和补充。

认知疗法

认知疗法是根据人的认知过程，影响其情绪和行为的理论假设，通过认知和行为技术来改变求治者的不良认知，从而矫正并适应不良行为的心理治疗方法。认知疗法是新近发展起来的一种心理治疗方法，它的主要着眼点，放在患者非功能性的认知问题上，企图通过改变患者对己、对人或对事的看法与态度来改变并改善所呈现的心理问题。

由于文化、知识水平及周围环境背景的差异，人们对问题往往有不同的理解和认知。"认知"是指一个人

对一件事或某对象的认识和看法，对自己的看法，对人的想法，对环境的认识和对事的见解等。例如，同样的一所医院，小孩可能依自己的认识和经验，把它看成是一个"可怕的场所"，不小心就会被打针；一般人会看成是"救死扶伤"之地，可帮其"减轻痛苦"；而有些老年人则可能把医院看成是"进入坟墓之门"。所以，关键不在"医院"客观上是什么，而是被不同的人认知或看成是什么。不同的认知就会滋生不同的情绪，从而影响人的行为反应。因此，"认知疗法"强调，一个人的非适应性或非功能性心理与行为，常常是受不正确的扭曲的认知影响而产生的。如果更改或修正其扭曲的认知，则可改善他的心理与行为。所以，心理治疗的重心在于，更改或修正扭曲的认知而不是适应不良的行为。

认知疗法常采用认知重建、心理应付、问题解决等技术进行心理辅导和治疗，其中认知重建最为关键。对于如何重建人的认知结构，从而达到治疗的目的，认知疗法的大师们各自提出了自己的看法。有的专家认为，经历某一事件的个体对此事件的解释与评价、调知与信念，是其产生情绪和行为的根源。因此，不合理的认知和信念引起不良的情绪和行为反应，只有通过疏导、辩论来改变和重建不合理的认知与信念，才能达到治疗目的。而有的专家则认为，人的行为和情绪由自我指令性语言控制，而自我指令性语言在儿童时代就已经内化，虽在成人期意识不到。但仍在控制人类的行为和情绪。如果自我指令性语言在形成过程中有误，则会产生情绪障碍和适应不良行为。因此，治疗包括学习新的自我指令、使用想象技术来解决问题等。

从另一角度而言，认知疗法乃是针对心理分析疗法的缺陷而发展起来的。因为在心理分析治疗时，常着重于心理与行为的潜意识和情感症结，而这种潜意识的欲望或情感，往往只是心理医生的分析推测，不容易向患者解释，也不容易被患者接受，更不易作为治疗的着眼点来操作。但认知治疗把着眼点放在认知上，它不必管看不到、抓不到的潜意识，只要更正这些可用语言描述的观念、想法、信念、处理好非功能的"认知"即可。

认知领悟疗法

认知领悟疗法是通过解释使求治者改变认识、得到领悟而使症状得以减轻或消失，从而达到治病目的的一种心理治疗方法。由中国心理治疗专家钟友彬先生首创，是依据心理动力学的原理与中国实情及人们的生活习惯相结合而设计的。心理动力学疗法源于心理分析，故认知领悟疗法又称中国式心理分析，或称"钟氏领悟疗法"。

认知领悟疗法的治疗原理，是把无意识的心理活动变成有意识的，使求治者真正认识到症状的意义，以得到领悟，症状即可消失。这也是心理分析和心理动力学疗法的治疗原理。但如何领悟（方式）、领悟什么（内容）则有所不同。正统的心理分析疗法要经过长时间的自由联想，了解症状的象征性意义，除去精神防御机制的伪装，让求治者领悟到幼年期未得以满足的性心理症结；心理动力学疗法让求治者尽量回忆过去各种精神创伤的经历，从而找出病状的无意识根据；而认知领悟疗法则是，直接和患者一起讨论分析症状临床表现的性质，使他们认识到病态情感和行为的幼稚性，领悟到这些感情与行为是幼年儿童的心理和行为模式，与他的实际年龄和身份不相称的，从而主动放弃这些想法和行为。必要时，也可让求治者回忆容易忆起的幼年经历作为佐证，但不必追究深处无意识的动机。认知领悟疗法可以看作是在医生的指导下进行的求治者自我教育，是对幼稚心理的改造。求治者在接受治疗前，对他们病态行为的幼稚性和幼年儿童的行为模式概不自知，通过医生的解释、分析、互相讨论，并联系自己深入思考后，才真正认识到病态行为的幼稚性，领悟到它是儿童期留下的痕迹，是成年人不应再保持的幼年心理行为模式。最后随情感和行为的改变，症状也就自然消失。

催眠疗法

催眠疗法是指用催眠的方法使求治者的意识范围变得极度狭窄，借助暗示性语言，以消除病理心理和躯体障碍的一种心理治疗方法。

催眠是一种类似睡眠的恍惚状态。催眠术就是心理医生运用不断重复的、单调的言语或动作等向求治者的感官进行刺激，诱使其意识状态渐渐进入一种特殊境界的技术。通过催眠后的求治者，认知判断能力降低，防御机制减弱，表现得六神无主、被动顺从。这时，暗示的效果比在清醒状态下明显，求治者的情感、意志和行为等心理活动可随心理医生的暗示或指令转换，而对周围事物却大大降低了感受性。在催眠状态下，求治者能重新回忆起已被"遗忘"的经历和体验，畅述内心的秘密和隐私。换句话说，求治者在催眠状态下呈现一种缩小了的意识分离状态，只与心理医生保持密切的感应关系，顺从地接受心理医生的指令和暗示。这样，心理医生对求治者运用心理分析、解释、疏导或采取模拟、想象、年龄倒退、临摹等方法进行心理治疗。

催眠的方式可分为集体催眠、个别催眠和自我催眠。集体集体就是让病情相似、年龄相近的几人或10多人一起进行催眠，其优点既是可同时治疗的人，又可消除求治者的孤单感和恐惧心理，还可通过效果好的求治者现身说法，与求治者间的相互暗示、模仿以形成最佳的催眠气氛，增加求治者对催眠效果的信服。个别催眠是心理医生面对单个求治者进行的催眠。自我催眠是指在催眠师的指导下，由求治者对自己进行的催眠。求治者在接受暗示性测验后即可进行催眠。催眠一般是在安静、昏暗的房间内进行，心理医生最好有助手在场，尤其是对异性催眠时。求治者舒适地坐下或躺下，安静、放松数分钟，然后进行催眠。实践证明，90%以上的人能进入程度不等的催眠状态，30%左右的人可进入深度催眠状态。

催眠的具体方法很多。大致可分为四种：

（1）言语暗示加视觉刺激。此法又称为凝视法，是让被催眠者聚精会神地凝视近前方的某一物体（一光点或一根棒等），数分钟后，心理医生便用单调的暗示性语言开始进行暗示。"你的眼睛开始疲倦了……你已睁不开眼了。闭上眼吧……你的手、腿也开始放松了……全身都已放松了，眼皮发沉，头脑也开始模糊了……你要睡了……睡吧……"如求治者暗示性高，则很快进入催眠状态；如求治者的眼睛未闭合，应重新暗示，并把凝视物靠近求治者的眼睛以加强暗示，使两眼眼皮变得沉重。

（2）言语暗示加听觉刺激。催眠时，让求治者闭目放松，注意倾听节拍器的单调声或水滴声，几分钟后，再给予类似于上述的言语和暗示，同

时还可以加上数数，如："一，一股舒服的暖流流遍你全身……，二，你的头脑模糊了……，三，你越来越困倦了……，四，……，五，……"

（3）言语暗示加皮肤感觉刺激。心理医生首先在求治者面前把手洗净、擦干和烤热，然后嘱求治者闭目放松，用手略微接触求治者皮肤表面，从额部、两颊到双手，按同一方向反复地、缓慢地、均匀地慢慢移动，同时配以与上述类似的言语暗示。有时也可不用言语暗示，仅用诱导按摩，这种按摩还可以采取不接触到求治者皮肤的方法，只是靠双手的移动引起温热空气波动，给皮肤温热感而达到诱导性催眠按摩的目的。

（4）药物催眠。某些求治者如暗示性低、不合作，可使用2.5%的硫喷妥钠或5%~10%的阿米妥钠0.5克，稀释后，进行静脉缓慢注射，在求治者进入半睡眠状态时，再导入睡眠状态。

暗示疗法

暗示疗法是指利用语言或非语言的手段，引导求治者顺从、被动地接受医生的意见，从而达到某种治疗目的的一种心理治疗方法。

暗示疗法与催眠疗法有着非常密切的关系，在某种意义上，催眠是暗示的一种形式，即不是在清醒状态下，而是在催眠状态下对求治者进行

的暗示。所谓暗示，即指人或环境以不明显的方式向个体发出某种信息，个体无意中收到这些信息的影响，并做出相应行动的心理现象。它是一种被主观意愿肯定了的假设，不一定有根据，但由于主观上已肯定了它们的存在，心理上便竭力趋向于这项内容。

暗示疗法产生的历史古老而悠久。麦斯默的催眠表演，引起了人们对其奥妙的探究。夏科、巴甫洛夫、弗洛伊德等对暗示现象都有许多精辟的论述。巴甫洛夫说过："暗示乃是人类最简单、最典型的条件反射。"美国著名心理学家威廉·詹姆斯于20世纪30年代撰写了《暗示心理学》一书，而英国著名心理学家麦独孤在临床的应用，则堪称独步，声誉斐然。在第一次世界大战期间，英国前线战场上流行着一种因受炸弹爆炸的震惊而患的心理恐惧症——"弹症病"，严重者四肢瘫痪。此病无药可治，蔓延较快，颇令英国当局头痛。这时，麦独孤参加了战时治疗，经了解后他发现这是一种"心病"，于是凭借以往的社会声望成功地进行了暗示心理疗法。他用笔在下肢失去知觉的士兵膝盖以下若干寸的地方画了一圈，然后以毋庸置疑的口吻告诉求治者，明天线圈以下部位一定恢复正常。第二天，这个士兵果然恢复了知觉。这样日复一日地提高画圈的位置，直到痊愈。

娱乐疗法

娱乐疗法是指通过各种娱乐活动（如听音乐、学歌咏、看电影、看电视、看戏剧表演、跳舞、游戏、下棋、玩牌、游园等）来陶冶性情、增进身心健康的一种心理治疗方法。

娱乐治疗由来已久。古希腊思想家亚里士多德以及古代中国的《乐记》里，都曾论述过音乐等娱乐活动的治疗作用。我国古代医案中有不少娱乐治疗的记载。例如，清代有一县令终日愁眉不展，郁郁寡欢，食不知味，寝不安枕，一天天消瘦下去，虽多方求医，仍无效果。后来听说有一位名医，医道高明，便前往求治。老郎中问明了病情并号过脉象之后，一本正经对他说：你乃"月经不调"。县令听罢，啼笑皆非，拂袖而去。以后逢人便讲这件怪事，每说一回，便捧腹大笑一回。没想到过了不久，病竟痊愈了。此时县令才恍然大悟，上门拜谢郎中。郎中告诉他："你患的是郁结的心病，要治好你的心病，还有什么比笑更好的心'药'呢？"

国外也有这方面的报道。如英国著名化学家法拉第，由于长期紧张的研究工作，被头痛失眠的恶魔缠得痛苦不堪。他不得不前去求医，医生给他开了这样一张药方："一个小丑进城，胜过一打医生。"法拉第对此心领神会，从此经常出剧院，观看喜剧、滑稽剧和马戏等表演，健康状况很快得到了改善。

一些医疗和研究机构纷纷成立了娱乐治疗的组织，对娱乐疗法进行系统研究。如日本东京艺术大学成立了"音乐疗法研究会"，用优美动听的古典乐曲为求治者治病。英国剑桥大学口腔治疗室曾用音乐替代麻醉剂，为200多个牙病求治者成功地进行了手术。还有人研究了不同乐曲所产生的情绪变化，并且以此确定不同乐曲的治疗作用。

音乐之所以能够起到治疗心身疾病的作用，是因为它不但能反映和振奋人的精神，而且它的不同节奏、旋律、音调、音色等，还可对人的心身产生不同的影响。

娱乐疗法具有10大好处：增强肺的呼吸功能；清洁呼吸道；使肌肉放松；有助于发散多余的精力；有益于抒发健康的情感；消除神经紧张；帮助驱散愁闷；减轻"社会束缚感"；有助于克服羞怯的情绪；有助于乐观地对待现实。

合理情绪化疗法

合理情绪治疗是20世纪50年代由阿尔伯特·艾利斯在美国创立的。合理情绪治疗是认知心理治疗中的一种疗法，因它也采用行为疗法的一些方法，故被称之为一种认知行为疗法。

合理情绪疗法的基本理论主要是ABC理论。在ABC理论模式中，A是指诱发性事件；B是指个体在遇到诱发事件之后相应而生的信念，即他对这一事件的看法、解释和评价；C是指特定情景下，个体的情绪及行为结果。通常人们认为，人的情绪的行为反应是直接由诱发性事件A引起的，即A引起了C。

ABC理论指出，诱发性事件A只是引起情绪及行为反应的间接原因，而人们对诱发性事件所持的信念、看法、理解B才是引起人的情绪及行为反应的更直接的原因。人们的情绪及行为反应与人们对事物的想法、看法有关。在这些想法和看法背后，有着人们对一类事物的共同看法，这就是信念。合理的信念会引起人们对事物的适当的、适度的情绪反应；而不合理的信念则相反，会导致不适当的情绪和行为反应。当人们坚持某些不合理的信念，长期处于不良的情绪状态之中时，最终将会导致情绪障碍的产生。

因为情绪是由人的思维、人的信念所引起的，所以埃利斯认为每个人都要对自己的情绪负责。他认为当人们陷入情绪障碍之中时，是他们自己使自己感到不快的，是他们自己选择了这样的情绪取向的。不过有一点要强调的是，合理情绪治疗并非一般性地反对人们具有负性的情绪。比如一件事失败了，感到懊恼，有受挫感是适当的情绪反应。而抑郁不堪，一蹶不振则是所谓不适当的情绪反应了。例如，两个同事一起上街，碰到他们的总经理，但对方没有与他们招呼，径直过去了。这两个同事中的一个认为："他可能正在想别的事情，没有注意到我们，即使是看到我们而没理睬，也可能有什么特殊的原因。"而另一个却可能有不同的想法："是不是上次顶撞了老总一句，他就故意不理我了，下一步可能就要故意找我的岔子了。"两种不同的想法就会导致两种不同的情绪和行为反应。前者可能觉得无所谓；而后者可能忧心忡忡，以至无法平静下来干好自己的工作。

从这个简单的例子中可以看出，人的情绪及行为反应与人们对事物的想法、看法有直接的关系。在这些想法和看法背后，有着人们对一类事物的共同看法，这就是信念，前者在合理情绪疗法中称之为合理的信念，而后者则被称之为不合理的信念。合理的信念会引起人们对事物适当、适度的情绪和行为反应；而不合理的信念则相反，往往会致不适当的情绪和行为反应。人们坚持某些不合理的信念，长期处于不良的情绪状态之中，最终将导致情绪障碍也就是 C 的产生。

思维阻断疗法

思维阻断疗法又称思维控制疗法、思维停止疗法。它是一种治疗强迫性思维的技术，是在患者想象其强迫思维的过程中，通过外部控制的手段，人为地抑制并中断其思维，经过多次重复，促使强迫思维症状消失的一种心理治疗方法。

此法的治疗过程分几个阶段。

第一阶段的过程为：

（1）指导患者进入放松状态；

（2）让患者关注那些使自己烦恼的想法、念头或思维活动；

（3）告诉患者，当医生让他"停止"时，自己也同时大声命令自己"停止"，并停止想那些东西；

（4）让患者在自己有清楚的强迫思维意象活动时就竖起食指示意；

（5）当患者竖时食指时，医生即大喝"停止"，患者也随同一起大声命令自己"停止"，在进行这一步时，可使用一些辅助手段，如用一小木槌敲击一下桌子，发出剧烈的响声等，这种意外的刺激能将患者从自己的强迫性思维观念中拉回来；

（6）重复上述步骤。

在第一阶段中，治疗的进展可根据患者进入想象潜伏期的延长来评定。所谓想象潜伏期，是指从让患者开始想象那些东西到他竖起食指示意所经过的时间。如治疗有效，潜伏期应该延长。第一阶段的"阻断"次数，应根据潜伏期的变化来确定。医生发现潜伏期变长了，患者觉得想起那些意象有困难时，可进入第二阶段。

第二阶段的治疗过程与第一阶段的程序大体相同，只是在第（5）步中，医生不要使用任何辅助手段，仅是大喝"停止"。如果这一阶段的治疗也有了效果，即可进入第三阶段。

第三阶段，医生不再大喝"停止"，而是由患者大声命令自己"停止"。

第四阶段，医生让患者改用小声命令自己"停止"。

第五阶段，当强迫思维意象清楚时，患者在心里对自己下命令"停止"。

在上述每一阶段中，最好进行 16

次阻断，从而保证治疗的效果。

在治疗过程中，医生从一开始就应要求患者对每日出现的强迫思维的次数做自我观察并记录下来，随着治疗的进展，患者记录下来的次数逐日减少，这反映出治疗效果。治疗期间，医生要求患者回家后自己练习"阻断"强迫观念。

# 需要懂得的心理战术

坚持有理术

一般在现场被抓获的扒手，都会觉得很难为情。曾有这样一个扒手却不以为然，并且面露笑容，他说："我有什么不对？如果我拿了你的钱包走，我才是小偷，可我并没走，你凭什么责备我？"扒手竟理直气壮地回答。

这当然是强词夺理，此扒手当然被捕入狱。只是他的话乍听起来却振振有词，可能会说服抓获他的人。这个狡猾的扒手，十分了解"抱歉"就等于"承认自己的罪行"，因此他的态度并不胆怯，其语言也具有麻醉性。

在欧美国家，若发生两车相撞，二位车主绝不道歉，如果一方先道歉，就等于承认是自己的过失，并且要负全责，所以双方都坚持自己是对的。

故意装出自己没错，这种方法极不讲理，但把过错推到对方身上，却是相当有效的手段，轻易承认自己的不是，往往会招来更大的不幸。所以，正颜厉色地把对方镇住才是上策。

坚持"自己有理"的态度，绝不可失去冷静和理智，尤其是"到底要如何做"这类的话，千万不要说，因为一旦把自己的弱点暴露出来，就会被对方抓住不放。

逆反心理术

罚点球是足球赛最扣人心弦的时刻，很多运动员告诫自己：不要放高射炮，结果反而射高。马拉多纳等球星认为，罚点球前，先确定要射某个角度，而后毫不犹豫地拔脚就射，这种办法通常很有效。有位家长见儿子总不用功，就说："这首唐诗你不会背吧。"接着自己朗诵一遍，那孩子好胜心顿起，下工夫背了两首，果然以后逐渐喜欢学习了。

上述例子告诉我们，人的心理奥妙无穷，你对某人说不要做某事，并采取禁止措施，他反而非要试试不可。比如，你告诉同宿舍同学不准开你的某个抽屉，那么你不在时反而有人想打开看看有什么秘密。这是一种不可思议的原始本能。很多恋爱男女并不像一些言情小说写得那么如胶似漆，但如果家长一反对，反而造成一种"逆反"心理，只能起反作用。这种情况在各种体育比赛中都屡见不

鲜。一名著名选手曾说："高尔夫比赛不是靠手，而是靠嘴巴。"

在影响情绪的一些谈话中，最有效的手段是表面上装得很亲切，而提出一些所谓"忠告"，即想办法让对方意识到比赛的禁止事项。譬如，在高尔夫赛场上故意温和地向打球的对手说："要是打出去的球半路上向右边飞的话，会落进池塘"或"这个球离洞这么近，千万不要打歪啊！"听了这些好话，打出去的球不可思议地不是向右飞，就是打歪了，真是"忠言逆耳"。

有经验的教练在比赛前，从不啰啰嗦嗦地嘱咐这个运动员这样，敬告那个运动员不要那样，因为那么做只会适得其反。

"不懂"质问术

希腊哲学家芝诺有句名言："飞行的箭是不动的。"因为在某一刹那飞行中的箭像是静止不动一样，如果把所有的刹那综合起来，无数个不动加起来还是不动。这样说法听起来似乎很有道理，使人心理上产生一种似是而非的混乱感。有些人说话条理清楚，合乎常识，别人即使知道其说法不成立，也很难反驳。这种心理术也正是诡辩术的一种。

苏格拉底曾说："我很了解，但什么也不懂。"人们懂得某种事物，但实际上了解的程度有高有低，而且极少对这种了解层次差进行反省，即

便反省也不严密。在一堂课之后，老师总说："好啦，都知道。"但这只是表面上通过了，其中有人似懂非懂也说不定。

对有条理的讲话不好反驳的原因是，你一直在听对方的理论，产生一种好像懂了的感觉，而且有时不便插上几句不同的意见。这种谈话人的方式通常都比较抽象，如果在更具体的水平上进行推敲和探讨，很快就会露出破绽，所以我们这时最好采用质问的战术。例如，某人说："我们应采取建设性的适当步骤……"那么就问他："你说的建设性适当步骤更具体地说是什么？"表示我们听不懂他的话，要他举例说明。换言之，不要轻易接受抽象性的言论，要从具体的说明来彻底了解。我们做了这样的质问后，对方就很难再流水般地说下去，思路就会被打断，情绪也可能暴躁不安。

这种扰乱术更直接的表现就是说："我不懂。"从而可以自始至终用这句话顶他，尤其是和专家谈话，用这种办法就能扳回一些心理优势，不懂装懂只能处在被动挨打的位置。

打断逻辑术

美国著名推理小说作家 A 先生的代表作是《八七分局记事》一书，此书在写侦探嫌疑犯时，两位刑警一搭一唱的说词，妙不可言。嫌疑犯开始拒不承认自己在场，但是在刑警旁敲

侧击的询问下，他的"不在场"之说终于不攻自破。这段故事给我们的启示是，在日常生活中，对侃侃而谈的人我们最难说服他，因此如用一般手法，会中对方的计，但一味地沉默，也等于承认对方占了上风，所以应采取措施，将对方拉入自己的轨道。

对付这类棘手的人物，要先干扰他的决策。最好的办法是很频繁地说："有点道理""是这样的吗"之类的话来打岔，或是故意注意别的东西，或是故意注视旁边。这些动作会打断他的思考逻辑，结果纰漏百出，从而获得反驳的机会。

这种心理技巧在西方社会争论时常被使用，官员们在议会所说的话，都是事先准备好的。议员不是很容易能破坏他的逻辑思路的。老经验的议员会赞成官员所说的一切，并审时度势，抓住机会采取手段打断他的一连串话题，使其原则崩溃，说出真心话！对付滔滔不绝，口若悬河的人，用此方法尤具神效。

疲劳攻心术

在大学研讨会上，经常为某个问题讨论很久，虽然还没到做结论的关头，不少老教授已明显露出疲劳神态，这时主席要是说："那么到此为止，我们下面表决。"很多人一定不约而同地显得很高兴，某些本来很难定论的复杂问题，也可能轻易地得到同意票。

当然，讨论也要到某一阶段才能表决，可是从最后表决的情况来看，疲劳因素占了很大比重，因为，大家在心理上和身体上都非常疲劳，差不多处于一种无所谓的心理状态。

"要是让嫌疑犯睡得足、吃得饱，还有烟抽。那么再想套出他的口供就比登天还难了。"这是一位老警察的经验之谈。尤其是惯犯，几乎把牢狱当成自己的家了，如此待遇怎能令他招供。对这种人必须严禁吸烟，同时长时间地逼问口供，这时对方烟瘾大发，又遭受"疲劳轰炸"似的轮番审问，已处于近乎崩溃的精神状态，然后才故意请他吸一根烟。对方在这种极度疲劳后得到一点满足的情况下，往往愿意把什么都讲出来。

人的精神和身体处在正常状态时，判断力很强；反之，判断力和思考力就很弱，反应也变得迟缓，批评审查的情绪很低，所以有时虽然不大赞同，也草草地通过了。可见，为了交涉的成功，作结论的时候，最好在黄昏，趁对方疲劳不堪的时候，乘虚而入。

使人的肉体疲劳，然后才引起对方的心理动摇，最后再稍微推动一下，就会按你的设计得出结果，极尽这种做法，能让对方的思考力产生180度的转变，而且手法极漂亮。过去日本很盛行管理人员培训，叫感受器训练，即洗脑。把受训的人集中起来，与外界完全隔绝，连续几个星期让他们不停地讨论，睡很少的觉，身心受到极大考验，最后学员都称有脱胎换骨的感觉。

暗示强化术

"暗示的强化"是心理学上的一种习惯做法。例如，把几十个小学生分成三班，每班又分为2组，让他们做同样的事情。这时故意表扬第一班的某个组，而严厉地批评二班的一组学生，对第三班则放任不管。结果发现，第一班受称赞那个小组的成绩比较出色，不过第二班中没有受责备的那个小组成绩却是6组里最好的。

如果我们看到自己的朋友让人家称赞（暗示的正强化），就很容易产生自己间接地受到贬低的心理（暗示的负强化）。同样，人家受到责骂时（暗示的负强化），也会感到自己仿佛间接地受到表扬一样（暗示的正强化）。所以受到正强化的人干劲会更大，相反受到负强化的人往往意志消沉，这种情绪变化最终反映在工作成绩上。

因此在应付你所讨厌或像眼中钉似的对方时，最好利用负强化效应，打击他的情绪。举例来说，有甲乙二人，他们是敌对关系，如果在二人面前故意地称赞其中一人，那么，另一人很自然就会有被责备之感，从而影响情绪。但对方并没有直接责备自己，即使有怨气，也只好憋在肚子里。有位大企业公司的经理就经常采用"暗示的强化"、这一绝招来操纵

部下。比如说，他有一位中层干部相当自负，而且工作能力极强，就是处理不好人际关系，容易和人发生摩擦，同事们对他挺有意见。对这种部下，上司最好不要当面提出警告，而可以故意在他面前有针对性地表扬别人。经理这么做了之后，那名干部觉得头儿对自己有了某种成见，恃才傲物的气焰消退不少，于是暗暗做了自我反省，并主动加以改正。

在某些场合，当面责备的"明示负强化"法也很有效，但是对于自信心强的人打击较大，容易超过其心理负荷。因此，还是利用"暗示的负强化"法心理效果较佳，即间接性地向对方提出注意。

敲山震虎术

有位警察在派出所里审问一个嫌疑犯，对方矢口否认有罪。警察便作出愤怒的样子，猛力拍打桌子，时而用脚去踢嫌疑犯的椅子，那嫌疑犯惊慌之中，便招供了。

在美国电影中，我们经常看到黑社会分子对勒索对象演出种种凶恶姿态。有个家伙一脚将商店的柜台踢翻，虽然他还没有触及老板的身体，可老板早已吓得魂飞魄散，乖乖交出勒索金额。这是一种利用恐怖气氛逼迫对方就范的办法。这种人类最原始性的暴力手段，效用很大。一位平时总以侠胆自居的男青年，有一次在公共汽车上受一位流氓醉汉的威胁，只

简单的一句话，便老老实实地受其摆布，社会上这类例子实在太多了。

人们对暴力行为一般都很厌恶和轻蔑。但一旦遇到这种场面，反而茫然不知所措。在理性和感情处于混乱的情形下，最能发挥威力的往往是威胁的力量。西方的政治家和企业家都很擅长这种"敲山震虎术"，其中最有名的要数赫鲁晓夫。他与肯尼迪单独谈判到了紧要关头时，就把桌上的小刀拿起，有力地插进桌面，当然肯尼迪不会理睬这种夸张举动。

一般群众对暴力作风的体验很少，而且不会利用，经常的反映是顺从或按捺不住。我们认为，最好的应付办法是冷静地以牙还牙。

"敲山震虎"的办法还有不少，像谈判无法进行时撕毁契约、利用电话痛骂部下等愤怒的表达方式。有的人故意对无关的第三者表演威胁手段，然后与对手做最后决定。对手刚刚看到一幕厉害的场面，情不自禁地把态度软了下来，而让对方达到目的。

体贴亲近术

某文艺编辑曾讲过这样一段故事，他邀一位名作家写稿，该作家非常难合作，各报社的编辑对他大伤脑筋。因此，这个作家在见面前也相当紧张。

一开始果不出所料，怎样都谈不拢，作家一味说："是吗……""也许是吧！"闹得编辑很是头痛，只好打定主意，改天再来，于是闲聊起来。

他把几天前在一本杂志上看到有关作家近况的报道搬出来，他说："您的大作最近要翻译成英文，要在美国出版了！"作家见对方如此关心自己，就很感兴趣地听下去，编辑又说："您的风格能否用英文表现出来？"作家说："就是这点令我担心……"他们就在这种融洽的气氛中继续谈下去。本来已不抱希望的编辑，此时又恢复了自信，而获得作家答应写稿的允诺。

这位难应付的作家，只因为一句话而改变了态度。那是因为作家觉得编辑不像其他人只会邀他写稿，而是更进一步地注意自己，了解自己，因此以为编辑十分了解他，就不再随意应付，在心理上编辑占了很大优势。任何人遇到有名望、有头衔的人都会怯场，在心理上先被压倒。与之交谈时只一味地"嗯……"，怕一不小心伤害了对方。此时若把一些小事讲出来，如对方身世、近况和兴趣等，表示十分了解对方。"您戒烟了……""前天我在电视上看到了您……"等等，就能打动对方，将其置于自己的掌握之下。

屈居第二术

曾经美国广告界创造出一种新战略，就是成为热门话题的"第二宣言"，事情经过如下：

艾比汽车出租公司创立不久，精心经营，逐渐超过了不少老资格的公司，市场占有率升至第二位，但要赶上居首位公司的业务还差不少，一般公司的宣传广告总习惯讲"我公司什么什么最好"等套话，艾比公司公然宣称："我公司的业务成绩目前只居第二位。"然后说："所以公司上下将竭诚为您服务。"尽管这种宣传术打破了老广告程式，却获得了意外成功，不久，已接近第一位公司的水平了。

在争相称老大的市场竞争中，艾比公司坦然公开承认位居第二，反倒使大众对这种诚实的广告深信不疑，产生好感，确实是出奇制胜的妙计。"月有阴晴圆缺，人有悲欢离合"，世上本无十全十美的东西，只有客观地表明自己才会让人相信。我们注意到，百货公司把一些零碎布料和有缺陷的商品摆在柜台上，老老实实地说清仓大拍卖。只要商品没有变质，这种货总是卖得很快，这同样是让人信赖的缘故。

同样，在人际关系上一味讲人家的好话、奉承话也让人倒胃口，不会使人对你有很大的信任。比如要推荐某人给某单位，先说："尽管这个人有某某缺点，但是……"，如此强调他的好处，更使人觉得你的话诚实可靠。

社会上一些以严苛闻名的评论家尽管尖刻地指出作品的缺点，不过绝不会忘记客观地欣赏其优点，这种评论总是很受欢迎的。教师在为学生成绩单做评语时，一定把优缺点一起写出来。百分之百的赞扬，人家也不会相信，哪怕一些无关痛痒的缺点也要写出来，如："好像过分用功了一点，可是……"

"三点"归纳术

有个人才思敏捷，说话明快。不管问什么问题，他都能马上回答："你这个问题有三种情形。"把对方的问题很快条理分明地整理并解答出来。据他自己声称，这种做法只是一种思维习惯，一开始也并不很清楚，不过边讲边想，很快就理出来了。不管怎么说，条理分明的谈话艺术实际效用是极大的。

一般人在斩钉截铁的说法面前总是显得很怯懦。当对方信心十足地说出某事时，听的人就好像被他吞进了一样，从而轻易地产生同意的错觉。这种方法心理学称为"格杀勿论"。每个人对于事物的细节部分，总有各种各样的不同见解，所以要断定某事时，对细节就要无情地大刀阔斧斩去，突出重点，一下子把人们吸引住。

解释事物只有一种断定性的说法，不免产生独断的印象，对说服对方效果不大。但三点归纳法的确符合人的心理特性。自古以来，人类思考力都习惯于从三维角度出发，例如：过去、现在、未来；天、地、人；

智、情、意；智、仁、勇；○○、△△、××的三位一体；辩证法中的正、反、合；情、理、法等。

所以与对方讲话时，三维的思考解释力就常使人们产生好像问题的所有答案都包括在这三种情况之中的感觉，因而对方会认为已得到了答案。这种做法对于显示自己能干或解释一些目的不明确的事物相当有效。

化敌为友术

美国有一本科幻小说：美、苏两国大战方酣，双方正准备按核弹纽，此时传来火星人攻击地球的消息。美苏两国立即停战，共同组成地球联合军，对付火星人。这个简单的故事却能给我们一些启示。

人人都有"赞同心理"，设法和对方取得一致即能成为伙伴。从流行趋势就可了解人的求同心理，每个人都想和别人一致，这就成了流行的原因。

在双方竞争厉害的时候，"赞同心理"不会显现出来。比如，美苏打得你死我活，而火星人的出现，使美苏两国有了共同的敌人。即"赞同心理"起了主导作用。但是纷争未息时，"赞同心理"不会起作用。

将这种心理反作用于不协助自己或反对自己的人，此法很有效。在某公司中，有一个不愿意与上级合作的部下。如果对他说："你这样表现对我们双方都无利，再这样下去。恐怕你、我都要调到边远的地方去。"设下"赞同心理"，不满分子也会很好地合作。

对仇视自己的人，也可利用此法，假设一个敌人，这样，仇方就会接近你。使不合作的一方靠近你的最好办法就是设共敌，再一同齐心击退。

在社会生活中，经常可以看到兄弟之间、夫妻之间打得不可开交，这时忽然有了一个共同的敌对目标，立刻结束阋墙之争，转抗外侮。20 世纪30 年代末，日本侵略中国时，民族矛盾大于党派之争，共产党立刻主动与国民党合作，联合抗日。

他是坏蛋术

芝加哥某一教师责打学生，于是大众舆论就将老师的行为认为是"暴力"，成为人们茶余饭后的闲谈话题。一位平常个性温和、受人爱戴的老师，为了某种动机失手打了学生，就被视为暴力教师，一经大众传播、渲染，大家就认为该老师一年到头都在打学生。

一个人若被"贴上标签"，内心一定很难过，所以，对争论的一方，要想使他哑口无言，就要运用这种心理，给对方贴上标签，破坏其心理战术。

在社会上，有些人相当顽固，听不进别人的话。从正面去说服他时效果不大，因为越说越顽固。

如果这时对他说"我不说了，反正你也听不进"，"我知道你一定不赞成，我还是不说的好"。把对方故意视为无法说服的老顽固。人类尊严一被贬低，心理机器发生微妙抗衡作用。当被贴上"老顽固"、"不讲理"的标签时，他一定会反驳。为证明自己的真相，他会耐心听对方的话。说服第一步是除去其警戒心，使他乖乖听从劝告。"反利用"对方的反抗心理，此乃上策。

骄敌取胜术

在一次拳击比赛中得到冠军的王君，上次对抗中被对手击倒在地，桂冠也被对方夺去，他决心要雪耻夺回宝座。王君和冠军共同出现在记者招待会前，王君面带大口罩，穿着外套，没有记者采访他，以为他身患感冒力不胜任。正相反，冠军却身体强壮，精力充沛，信心十足的样子，比赛前，自信胜利已经在握。但正式比赛时，被击倒的是冠军。这才知道，原来王君在招待会上，故意使优胜者产生轻敌之念。

不论任何事情，要胜过谈判对手是相当困难的，正面对付会增加对手的对抗意识，尤其是自己优越时，对手更想出奇制胜。此时，必须更多掩饰自己，软化对方反抗意识。一般人在与对手较量时，往往会轻视对方，使自己心理平衡。利用心理盲区，对对手说："我没信心。""恐怕不太顺利。"甘拜下风，降低自己的力量，对手的对抗意识就会减弱。

心理防线一松懈，他内心就会有空隙，再提出己见，使对手毫无准备，将对手诱导入自己方向，可能会超越对方。

被王君击倒在地的优胜者，也许在体力上尚能支持，但他无法恢复自信，以茫然的表情，躺在地上听裁判计数。

干扰激将术

日本围棋名人加藤正夫有一个绝招，很令对手头痛。在对局中，他时而大声咳嗽，时而把手中的扇子扇得噼啪作响，使陷入思考的对手大受干扰，不是延长了读秒时间，就是下出软手或坏着。当然，号称"天杀星"的加藤名人实力自是非同小可，但与他对局的棋士们也说，加藤正夫的这一绝招有时确实出奇制胜，使对手陷入庸人自扰的困境而不得不承认失败。

一名棋手失去了冷静头脑或意气用事，当然下不好棋，一般人也是如此。如果对情况变化不能因势利导，尤其在与别人交涉某事沉不住气而先发脾气的人，总是要吃亏的。很多棋手不喜欢与加藤对局，就是因为当时很难保持冷静的判断力的缘故。

人的理智和感情有点像跷跷板，也就是说一头升高则另一头就会降低。许多聪明的人能利用这种人性弱点达到自己的目的。日本有名记者叫落合信彦，他经常得到某些普通记者无法获知的秘密消息。一个重要诀窍就是诱使对方发脾气，在极不耐烦的情况下不自觉地透露一些口风。麻将桌上也存在类似情况。有位老兄遇到打麻将技巧不高明的对手时，就故意对他说："和你这种人打麻将，三岁小孩都能赢钱。"虽然大家是在消遣，但对方听后严重地挫伤了自尊心，怒气直冲脑顶门，甚至手脚都在颤抖，上了人家圈套，这时往往打出比较冒险的牌，输赢已经很明显了。

在西方，劳资双方进行交涉时，攻击的人大声地责骂对方的场面时有发生。这时受到攻击的一方，应把这种谩骂当作耳旁风；如果也大动肝火，反而容易吃亏。

巧妙干扰术

如果从人的心理方面来考虑，由于一小点声音而使演讲受到妨碍的情况，就会认为是很自然的。因为，忽然或断断续续发出声音，人的意识就很难集中。森林中的小动物时常竖起耳朵听附近有什么特别的声音，就是保护自己的自然反应。中断演讲就像森林中的小动物听到异常于平常的声音时，以为敌人袭来，因而想赶快逃跑一样。这样意识无法集中而心有旁骛，不用说听者，就连演讲人都受到打扰，演讲人的思考此事往往被打断。

也有人利用声音来打扰人家的思考力，这种方法是为了对待喜欢讲话的人。硬币掉在地上发出的声音转移听众的注意力，那些喜欢讲话的人也受到影响，本来一大堆要讲，结果在刹那间被打断了，这时主席就要抓住机会说："那么，我们现在讨论另一件事情。"从而把话题引开。在会议中队很会讲话的竞争者，在他发言到一段落时就拍手说："讲得好。"先打断他的话，然后接着说："不过我的看法就是……"这样会很巧妙地把对方的话打断。

模糊情报术

社会上有一些算命先生名气很大，好像总是算得很准。如果把他们的话仔细推敲，不难了解，所谓算命先生只不过是善于利用一些模棱两可、暧昧不明的话而已。比如，某算命先生看相时说："你有女祸。"一般男人听了都会大吃一惊。有的人会想，昨天工作不认真，女上司很不满意；也有人会想，我每月工资都要如数上交，莫非这算命先生已经看出我是个"妻管严"……这样被看相的人心里一直揣摩着有关女祸的事情，似乎算命先生的话说得很准。假如看相先生说："你和水有缘。"那么，自来水公司的人、买桶装水的人、船员等都会吓一跳，认为他说得很准，有些人会想起在家乡遭水灾时受到的祸害，也有人想到我那小儿子正是个游泳选手，也有可能会想我和朋友都喜欢游泳，如此等等。刹那间一定有某种关于水的事情掠过脑海。

冷静想一想，就会找到算命的诀窍：也就是提供一些模糊的信息，让对方去寻找自己的体验，使信息的模糊性具体化。一些有名气的算命先生，只不过很巧妙地而且在短时间内察觉对方目前的心境和烦恼，并提供一些适当的忠告。可是碰到某些故弄玄虚的算命者，不仅不能消除心理上的不安和烦躁，反倒会加深忧虑感。

一个人如果得到某种很模糊的情报，就会从自己的各方面去推测，越想越多，从而变得疑神疑鬼。算命先生能否巧妙地加以诱导，就是高明与笨拙的区别所在。所以，如果想让对手心理动摇，提供一些情报，就容易使他陷入心理不平衡的疑阵中。

退能刺激术

麻将室很流行的一种游戏，从日常生活的行为举止上，当然无法了解人们麻将技巧的高低。但玩麻将的人都知道，在打牌中大致可以观察出一个人的本性如何。常常能够看到，有些人一开始就输，但并不改变战术，一味地固执于某种打法，似乎是意气用事，结果输得更惨。

这种情形在心理学上叫退能现象。一个人无法达到自己的欲望，就产生了欲求挫折感，这时他就好像成了小孩子一样，表现得十分固执，而

且富于攻击性，结果欲速则不达，越打越输。儿童教育也有这种现象，让一群儿童先后做易、难两套试题，而后对难题的测验结果当面大加轻蔑，孩子们变得没精打采，这时再让他们做与第一次的相同容易题时，成绩大不如前。这个实验可以解释为，人们挨骂后会变得消沉，产生挫折感，因此降低了智能。

社会上许多人利用人的这种心理特征性来谋求自身地位的安稳。有些上司害怕能力强的下属有朝一日取代自己的位置，就想方设法地对其进行打击，他们采用的一种基本战略，是给这种下级一些细小而平凡的打击，即大材小用。这样下级的心理就产生了挫折感，认为太小看自己了，还没开干就已经消沉，工作也很难做好。如果这种情况接二连三地发生，这位下级就更加消极。事实上，不仅没有发挥出才能，而且还降低了工作能力。

从古至今，受到上司排挤而怀才不遇的人是无法统计的，他们都是"退能刺激术"的受害者。反之，少数坚忍不拔的人即使受到这种狡猾卑鄙的算计也不改其志，反倒增长了才干和见识。

借嘴服人术

一次，亲兄弟两人久别相见，哥哥在酒饭后谈了儿子学习不用功的心事。第二天，叔叔领着小侄子去钓

108

鱼，在柳阴下告诉侄子："看样子你很孝顺，你爸爸昨晚都告诉我了，你的学习成绩比他从小好得多，只要你肯用功，成绩一定会更加好，你爸爸正高兴地期待着。"小孩听了叔叔的话之后，开心极了。从此之后，他的学习态度有了很大改变。

这个小孩所以听了叔叔的话，是因为叔叔与他没有直接利害关系。叔叔站在第三者立场上说的话更具有真实性，对孩子的印象更深。如果换了爸爸来讲，小孩一定想：又是老一套，我才不听你的呢。

现代人每天接受的虚假信息太多，再不会轻易地信赖别人，对别人讲的话总是抱着半信半疑的态度，而来自利害不相关的人的人消息却令人相信，这比正面展开大规模的广告宣传更有效果。因此，有人千方百计请专家、商品质量评委会、评论家等旁观者代为宣传，从侧面争取群众的信任。

很会利用这种心理的还有诈骗犯。例如，有个骗子带一位外国人去咖啡厅，然后悄悄告诉柜台服务员：那个老外是某国王子，过几天，骗子领个女孩再来店里，并借故先走了，那女孩觉得不安，就问服务员："你认识这个人吗？"此时，服务员说："听说是某某国的王子的朋友。"这个第三者的情报使她深信不疑，很容易就上了骗子的当。

趣味心理学

牛马不分的朱文圭

明朝初年，朱元璋的皇位继承人朱标死后，依照明朝的礼法，立太子朱标的儿子朱允炆为皇帝的继承人。朱允炆继皇位后，称建文帝。但他生性懦弱，昏庸无能，不善于用人。朱元璋的十八子燕王朱棣，沉着果断，雄心勃勃，不久起兵谋反，一举夺了建文帝的皇位，朱允炆只能俯首投降，亡命出逃。他的妻子儿女都死在乱军之中，只有二儿子朱文圭，当时还不足两岁，没有被杀害。但是为防止朱文圭长大后。为父报仇，再夺皇位。朱棣把他禁在幽室，与世隔绝，每天只通过一个很小的窗口送点食物，以维持他的生命，不许任何人同他说话。这样的生活经历了五十五个春秋，直到英宗时才被放出来，恢复自由，这时朱文圭已是年近花甲的老人，但是他连牛马都分不清，几乎是一个白痴。

朱文圭的故事，告诉我们这样一个道理：人的心理不是头脑中固有的，而是人对客观现实（外界环境）的反映。客观现实是心理的源泉和内容。前面已经讲过，人的心理活动，按其产生的方式来说，是脑的反射活动，即是客观事物作用于人的感觉器官所引起的高级神经活动。但就其心理的内容来说，它是客观现实的反映。

朱文圭虽然为人，却没有正常人的心理活动。其根本原因就在这里，即朱文圭独自生活在与世隔绝的"真空"中。朱文圭缺乏正常人的社会生活和社会实践活动，所以也就不会有正常人的心理。脑好比"加工厂"，客观事物好比原料。没有这个"加工厂"就不能生产出产品，同样有了"加工厂"，而没有客观现实这个原料，仍不能产生心理。心理的原料来自客观世界，人的心理主要来自人的社会生活的实践活动。如果失去了社会生活条件，没有语言交往，没有教育和训练，他的心理就无从产生和发展，只会像朱文圭那样，没有人的语言，没有人的心理。

所谓客观现实，主要指存在于人体之外的自然界和社会。它包括日月、山川、花草、鱼虫、汽车、房屋、工厂、学校、家庭及个人的全部社会关系等。无数的客观现实不断地作用于人的感觉器官，在大脑中以感觉、知觉、记忆、思维和情感等形式进行反映。所以心理活动的产生，首先由于作用于感觉器官的客观现实的存在，没有客观存在的事物作用于人的感觉器官，人的心理活动就成了"无源之水"、"无本之木"了。正如列宁讲的："没有被反映者，就没有反映，被反映者是不依赖于反映者而存在的。"例如，我们说社会主义制度比资本主义制度优越，在人们的头脑中所以有这样一个反映，是因为有着社会主义社会与资本主义社会的比较：社会主义社会消灭了阶级，不存在阶级压迫和阶级剥削，而资本主义社会存在着阶级压迫和阶级剥削；社会主义社会的生产资料以公有制为基础的多种所有制并存，而资本主义社会是生产资料的私有制；社会主义社会的分配原则是"各尽所能按劳分配"，而资本主义社会则是按资分配；社会主义社会实行计划经济指导下的多种经营，而资本主义社会的生产则完全是自由竞争；社会主义社会实行无产阶级专政，而资本主义社会实行的是资产阶级专政等，这些客观现实的存在，使我们得出了结论：社会主义制度比较优越。

客观现实制约着人心理发展的水平和个别差异。人的感觉器官的感受能力是在人的劳动实践活动的基础上形成和发展起来的。一方面所从事的实践活动促进了感觉器官的发展和完善，提高了心理发展的水平；另一方面不同的实践活动又促进了不同的感觉器官的发展。这就形成了人们在心理发展上的个别差异。例如，钢琴调音师只要一把音叉和一把螺丝刀，根据音叉和琴键之间，以及琴键与琴键之间音波的振动差别就能校正八十八个音键所发出的音；有经验的酿酒工人，能够尝出酒精的含量，其误差在1%以下；面包工人只凭触觉就可以觉察出面包的湿度，其误差不超过2%。这些特殊的技能，是由于他们长期从事某种工作，从而使他们相关的感觉器官的功能得到发展的结果。

客观现实是心理的源泉和内容，但是人对客观现实的反映不是被动的，不像"照相机"、"镜子"那样机械地反映现实，而是积极主动的，这就是人的心理的能动性。这个能动性，一方面表现在人在反映客观现实时受主体的知识、经验，信念和世界观等的影响。人们同看一部电影，对它的内容、思想性、艺术性，表现手法等方面都会有不同的看法，甚至会出现完全对立的观点。另一方面还表现在人的心理活动在一定的条件下通过实践活动，反作用于客观现实，引起客观世界的变化。所以列宁说："人的意识不仅反映客观世界，并且创造客观世界。"

应当指出，心理是脑的机能和客观现实的反映，这是辩证的统一，客观事物是第一性的，心理是第二性的，没有客观现实作用于人的感觉器官，人的心理活动则无从产生；反过来，没有脑这块复杂的物质，人的心理同样无法产生。六十岁的朱文圭所以"牛马不分"，就是因为他缺乏一般人生活的外界环境，也就是缺乏了人脑能反映的客观现实。

外国士兵的蛇皮装

在银幕或荧光屏上，常常见到外国士兵都穿一身蛇皮装。这种蛇皮装往往由黄、绿、褐三种颜色组成。图案很不规则，斑点、条纹兼有，看上去很不顺眼，既不美观，又不大方。但他们为什么要穿这种蛇皮装呢？从军事上来说，是伪装的需要。从心理学上来说，蛇皮装之所以能够起到伪装的作用，是因为它较好地运用了知觉中的对象和背景相互关系的规律。蛇皮装的颜色同士兵打仗时所处的自然环境的颜色相似，而不规则的斑点和条纹很好地破坏了士兵本身的轮廓，从而达到了伪装的目的。

什么是知觉？什么是知觉中的对象和背景呢？知觉与感觉不同，感觉只是对客观事物个别属性的反映，而知觉则是人对客观事物整体的反映。知觉是人对客观事物的各种属性、各个组成部分及其相互关系的综合和整体的反映。客观事物每时每刻都在影响着我们的感觉器官，但并不是所有的对象都同样地被知觉。人们总是有选择地以少数事物作为知觉的对象。被知觉的对象好像从其他事物中"突出"出来，而其他事物则退到"后面"去。这"突出"出来的就是知觉的对象，而退到"后面"去的就是背景。例如，在街上同一位友人谈话，我们所听见的不只是对方的话语，而且还可以听到汽车的喇叭声、发动机的噪声，行人的谈话声和脚步声，等等。在这种情况下，友人的谈话声是我们知觉的对象，而其他声音则是这种谈话声的背景。

怎样才能较快地把对象从背景中区分出来呢？

（1）对象和背景的差别越大，对象就越容易从背景中区分出来。相反，如果对象和背景在形状和颜色上一致或接近的话，那就不易把两者区分开来。军事上的伪装，就是根据这个原理设计的。再如，教科书中最重要的地方总要打上重点或用特殊字体排出。教师之所以在学生作业的背景上用红墨水批改和评分，正是为了突出评语和分数。

（2）在固定不变的背景上，运动的物体容易被知觉为对象。例如，各种仪表上的指针，街上行驶的车辆，黑夜里的流星等等。

（3）提出明确的知觉任务，对于从背景中分出对象来是有积极作用的。有经验的教师在做教学演示实验之前，总是提醒学生注意观察某一部分或某一环节。教师这样正确而清楚地给学生提出观察任务，就可以大大地提高教学效果。

（4）客观物体的结构也常常是分出对象的重要条件。

（5）环视对象的轮廓，有助于把对象区分出来。

知觉中背景和对象相互关系的原理，对于人类的生活、实践活动具有十分重要的意义。根据生活、实践目的和要求的不同，有时要想方设法叫人们能够把对象从背景中区分出来，有时则千方百计地让人们无法区分对象和背景。交通信号的设置要求对象和背景在颜色和亮度上的对比十分鲜明。心理学的研究表明，在晴朗的天气里，白色物体同天空和周围较暗的物体形成了鲜明的对比，在很远的地方就可以看得清清楚楚。但在阴天或阴影中，白色物体同天空背景的亮度差别较小，看起来就不明显。在阴天或有雾的情况下，黑色物体与周围背景的亮度对比程度最大，所以最容易看清楚。然而，任何交通信号和标记都要求人们能够在各种天气条件下，从各种不同角度准确无误地感知。正因为如此，所以灯塔、栏杆和路标等信号设置大都涂上白色和黑色相间的条纹。

与此相反，军事上的伪装则需要使军队的服装、装备，以及军事设施、港湾、工场、仓库等物体和周围背景的颜色接近。军事上把这种伪装叫做迷彩伪装。所谓迷彩伪装就是想方设法缩小或消除对象（军事目标）和背景在表面颜色上的差别，降低目标的显著性，改变目标的外形，借以达到隐真示假的目的。根据目标的性质和背景的特点，迷彩伪装分以下三种：

一是保护迷彩，即近似背景颜色的单色迷彩。例如，军队的服装和装具、汽车、坦克、火炮上的草绿色，以及适应沙地、草原、丘陵、雪地等自然环境的各色伪装衣等。保护迷彩，可以大大降低对象的显著性。

二是变形迷彩，这是由各种不定型的斑点所组成的多色迷彩。这种迷彩仅用于活动对象，它能使活动目标在活动地域内的各色背景上产生伪装效果。因为目标上的不定型斑点歪曲了目标原来的轮廓，这是由于迷彩的部分斑点的颜色与背景相融合，成为背景的一部分，而另一部分斑点则因为同背景有明显的区别而突出出来。这样一来，便歪曲了对象的外形，使其难以辨认。这种变形迷彩，在多色背景上的伪装效果比保护迷彩好。

三是仿造迷彩，即在对象表面上仿制背景的斑点图案的多色迷彩。这种迷彩能够使对象上的斑点成为背景斑点的延续部分，所以在多色背景上，伪装效果更好。这种迷彩多用于军事设施、港湾、工厂等固定目标，或坦克、火炮、高射炮、导弹的盖布，以及固定发射点等在一个地方停留较久的活动目标。

随着科学技术的不断发展，对于军事伪装提出了越来越高的要求。有些伪装虽然可以骗过人的肉眼，但却不能蒙混过"人造眼"的红外线侦察。因此，人们还要不断寻求新的伪装法。

福尔摩斯破案

大侦探家福尔摩斯破案的故事，已广为流传、脍炙人口。形形色色、离奇古怪的复杂疑案，一经福尔摩斯的侦察分析，蛛丝马迹毕现，真相一一大白。在作家柯南·道尔的笔下，福尔摩斯完全是一个学识渊博、观察力非凡的人，令人羡慕和钦佩。有一次，福尔摩斯同他的助手华生同时鉴别一块刚刚得到的怀表。由于两个人的知识经验、观察力，以及对知觉的组织不同，鉴别的结果则完全相反。华生的鉴别仅仅停留在怀表的指针、刻度的设计和造型上，因而不能为破案找到一丝线索。相反，福尔摩斯凭借手中的放大镜，看到了表壳背面的两个字母、四组数字和钥匙孔周围布满的上千条错乱的划痕，从而迅速而准确地断定了谁是这块怀表的主人，他的嗜好是什么，他的命运怎样，为整个破案工作找到了十分宝贵的物证。那两个字母指示了怀表主人的姓氏；四组数字是伦敦的当铺收进怀表以后用针尖刻在表壳上的当票号码，这表明怀表的主人常常穷困潦倒，然而有时也稍微好转，所以才有可能四次当出又四次赎回；而钥匙孔周围布满的上千条错乱的划痕，则说明怀表的主人在把钥匙插进孔去给表上弦的时候手腕总在颤抖，因而这个人多半是个嗜酒成性的醉汉……

福尔摩斯在破案过程中，没有顾及这只怀表的新旧程度和价值，而是紧紧抓住那些与案件有本质联系的细节，进行深入细致的观察。福尔摩斯的惊人的观察力，不能不令人折服。

观察是一种有目的、有计划、有步骤的知觉。它是通过眼睛看、耳朵听、鼻子闻、嘴巴尝、手摸等去有目的地认识周围事物的心理过程。在这当中，视觉起着重要作用，有90％的外界信息是通过视觉这个渠道进入人脑的。因此，也可以把观察理解为观看与考察的意思。

观察是人们认识客观世界的基础。人们对周围事物的认识，主要通过观察这个门户，掌握有关物体的颜色、形状、声音、气味、味道以及物体表面的冷热、轻重、粗糙与光滑等特点。观察活动在人的各个实践领域都具有重大的价值。没有精细而深邃的观察，文学艺术的创作和公安司法工作就会窒息；没有长期、周密、系统的观察，科学家就不能够收集资料，有所发现，科学研究就是一句空话。

一个人的观察能力与他的知识、经验以及职业兴趣有着密切的关系。前面谈到的福尔摩斯破案的例子很好地说明了这一点。对于同一块怀表，福尔摩斯之所以能够比华生看到的更多，理解得更深，一下子就能够抓住那些不大明显，然而却是本质的特征，正是因为他们有着不同的知识和经验。再如，在劳改部门中，有经验的管教干部善于一目了然地根据青少年罪犯的外表特征，根据一般人不可捉摸的鬼脸，根据他们说话的腔调，走路和劳动的姿势，甚至根据几根卷发和身上的气味等，便可以比较准确地了解和掌握犯人的心理状态。

人的观察能力不是天生的，而是在实践中培养和发展起来的，那么，怎样培养和发展自己的观察力呢？

（1）要有明确的观察任务。提出明确的观察任务是良好的观察的前提。如果一个人无目的地去观察一切，就不能把自己的注意力很好地组织起来，有效地控制自己的知觉去服从已经提出的任务。结果，必然是对许多事物和现象熟视无睹，看不到它们之间的千差万别，或是一知半解，印象模糊，说不清楚，也掌握不全面。当然，在确定观察任务的时候，可以把总的任务分解为一系列细小的和逐步解决的任务。这样可以避免知觉的偶然性和自发性，提高观察的积极主动性。

（2）观察的成功主要依赖于具备一定的知识、经验和技能。俗话说，"谁知道的最多，谁就看到的最多"。知识、经验不仅能使人深刻地思考，而且能够使人更精细地去感知事物。一位富有学识的考古学家，能够在一片残缺不全的乌龟壳（甲骨）上，发现不少重要而有趣的东西；而一个门外汉，却一无所得。因此为了很好地观察事物和现象，必须具备有关的知识。

（3）观察应当有顺序、有系统地进行。传说两千多年前，有个学生，仰慕亚里士多德的大名，不远万里来向这位古希腊的大哲学家求教。亚里士多德问明来意后，想了想，给他一条鱼，叫他观察有什么特征。这个学生一怔，心想这有什么难的。于是胡乱看了一阵，结果什么特异的迹象也没有发现。后来，亚里士多德启发他要有顺序、有系统地仔细观察。这个学生才终于发现鱼没有眼皮。这个例子很好地说明了，在观察的过程中，不能东看一点，西看一点，要有顺序、有步骤地看。这样才能看到事物各个部分之间的联系、关系，而不至于遗漏某些重要的特征。

（4）要设法让更多的感觉器官参与认识事物的活动。诚然，视觉在观察活动中占有十分重要的地位，但它不是唯一的感觉器官。我们在认识一件新事物时，应调动各种感官积极参与认识活动。比如要认识一种新引进来的水果或蔬菜，那就应当看看它外部的形状、颜色，摸摸它的表面，切开看看里面是什么样子，再闻闻是什么气味，尝尝是什么味道，等等。这样一来，不仅可以获得事物各方面的感性知识，而且所得到的印象也是深刻和牢固的。

（5）观察时应当做好记录。这不仅对于收集和整理所观察到的事实是十分必要和有益的，而且也是促进准确观察的宝贵方法。

难忘的天安门广场

凡是到过北京天安门广场的人，一谈起来，就会滔滔不绝地讲到天安门那高大朱红的城墙，绚烂金黄的琉璃屋顶，精美莹洁的汉白玉华表，平整宽阔的广场，以及耸立在广场中央的宏伟壮观的毛主席纪念堂和人民英雄纪念碑……为什么这种很早以前留下来的印象，今天谈起来，仍然能绘声绘色呢？因为人有一种记忆的功能。

我们知道人们感知事物过后，那事物的印象并不消失得无影无踪，它会在大脑皮层上留下一定的痕迹，打上一定的烙印。心理学就把这种痕迹和烙印叫做记忆。换句话说，记忆是对外界刺激的信息储存。神经外科学和神经心理学的研究表明，大脑皮层的损伤，会破坏这些痕迹和烙印，从而使人的记忆受到影响。加拿大蒙特利尔的一位著名神经外科医生潘菲尔德，在一次给病人做脑外科手术时，用微电流刺激患者大脑皮层的右侧颞上叶。忽然病人说："我听到了管弦乐的音乐声。"并且情不自禁地哼唱起来。后来，潘菲尔德据此提出了一种假说，他认为人脑的记忆功能，就像录音带能够录音一样。近一二十年来，关于记忆机制的研究，有了很大的进展，提出了不少理论和假说，预示着某种新的突破。

记忆一般分为再现、认知和识记三种过程。

每个人都能回想起童年的不少事情，谈起很多年以前读过的书的内容，想象出昨天和自己谈过话的人的面孔，复现出不久前曾同别人争辩时所坚持的思维逻辑顺序，回忆起争辩中说过的粗鲁的话而感到好笑……心理学把这种回想或回忆叫做再现。

有时人不能再现过去感知过的事物，但是可以再认过去感知过的事物。例如，一对童年朋友，久别相逢，一眼便可以确认对方是童年的好友。再如，一些外语单词或句子虽然背不出来，但是当它出现在眼前时却可以认知它。心理学把这种当事物重新呈现时能够再认识的过程叫做认知。

再现和认知都是以识记作为基础的。所谓识记是指过去被感知的客观事物，以某种印象的形式，保留在头脑里。例如，学习外语单词，总是要经过反复地念诵，把它的音、形、义和拼读法记下来，过后能够认知和再现这个词。

综上所述，记忆就是对过去感知的客观事物的识记、认知和再现。

人的记忆有不同的种类。根据有无记忆的目的，可以把记忆区分为不随意记忆和随意记忆。顾名思义，不随意记忆就是一种不是有意进行的识记。这种记忆，事前没有提出记忆的目的和方法，也不需要付出什么努力。凡是生活中感兴趣或能够引起强烈而深刻的情感的事物，主要是这样来识记的。一个人对入党、入团的日期和宣誓时的情景的记忆，常常是不随意记忆。随意记忆则是一种自觉进行的识记。为了识记要付出意志努力，并运用有助于识记的各种方法，如分析基本思想，拟定计划，复习等等。学习中的记忆绝大部分都属于随意记忆。

记忆还可分为机械记忆和意义记忆。机械记忆是一种靠机械重复方法的识记，例如识记数字、牌号、人名、地名、历史年代……而意义记忆则是依靠理解的一种识记，亦即通过领会精神、融会贯通其内在的联系来识记。尽管意义记忆是一种更迅速更牢固的识记，但在许多场合下只有意义记忆还是不够的，还必须把两种记忆结合起来。人在幼儿和少年时期，主要靠机械记忆，随着年龄的增长，渐渐转到以意义记忆为主。

近年来，在控制论的影响下，心理学又把记忆分为长时记忆和短时记忆。当你看一个电话号码，在拨号以前是不难把它记住的，拨完之后也就遗忘了，也许再也回想不起来，这就是短时记忆。相反，一个经常使用的电话号码，甚至隔了几个月，还能记起它，这就是所谓的长时记忆。当然，短时记忆也可以转化为长时记忆。原只拨一次的电话号码，后来经常使用它，就可在记忆中巩固下来。

此外，按记忆的内容，还可以把记忆分为运动记忆、情感记忆、词或逻辑的记忆、形象记忆，等等。运动记忆又叫做动作记忆，运动员熟练而准确的动作，工人的劳动操作，人们日常生活中习惯了的动作，都是靠这种记忆掌握的。运动记忆保持的时间较长。一个人学会了游泳，即或是三年五载不游，也不会遗忘。一旦下水，就能熟练地游起来。良好的动作记忆是运动员必须具备的心理品质。情感记忆所保持的是人们体验过的情感。这种记忆在演员身上表现得尤为突出。人正是由于有了情感记忆，才会对别人有真正的同情。词或逻辑的记忆是对看过、听过的思想用词或逻辑的形式加以识记和再现。这种记忆对哲学家和思想家有其特殊的意义。形象记忆是关于人的面貌、自然景色、陈设品、音乐曲调、气味、味道的记忆。画家、作家、演员、作曲家、建筑师的这种记忆特别发达。

上述各种记忆是相互联系的，在任何活动过程中，要记住某一事物和现象，都需要两种或更多种类的记忆。一个人记忆类型的特点，主要不是先天的，而是依靠练习而获得的。每一个人都应当努力发展自己各种类型的记忆，以适应实践活动的不同要求。

提笔忘字和过目不忘

我们常常听到一些人埋怨自己的记忆力不好，提笔忘字，或本来很熟的人却一下子叫不上名字来……为此感到十分苦恼。可是生活中也有记忆力非凡的人，他们可以博览群书而过目不忘。

不同人的记忆是有差别的，这种差别主要表现为识记的速度和容量，保持的长久性和准确性等方面。日常生活中，有的人识记得又快又多，有的人则又慢又少；有的人识记以后，保持得既长且准，有的人则很快就忘掉了；有的人再现识记的东西十分准确，有的人则丢三落四，甚至歪曲了本来的面貌；就是同一个人，识记不同的材料，其速度、容量、持久性和准确性也是不一样的。这同一个人的职业和实践范围有着密切的关系。演员记台词，作曲家背乐谱，交换台的接线员记电话号码，其速度和准确性是一般人所望尘莫及的。

我们敬爱的周总理具有惊人的记忆力。据许多外国朋友回忆，他老人家对我国各个方面的发展情况都有详尽的知识，他不靠笔记本便能讲出中国各省人口增长的数字、工农业的统计数字，以及很久以前的谈话或发生过的事情。对于其他国家的情况，甚至政治生活中的一些最微妙的细节也都了如指掌。对此与他接触过的同志和许多外国朋友无不十分敬佩。

不同的人具有不同的记忆类型。有的人善于记忆物品的名称、规格和价值。大庆油田的一个保管员，人称"活账本"。她对收得多、发得多的五百二十余项、七百余件器材，不仅能够背出它们的名称、型号、规格、单价、数量和货位，而且还能闭上眼睛

分毫不差地道货架上取下需要的零件和器材。她还能把五百二十多项器材的二千四百多个数字准确、牢固地识记下来。某一个器材进货多少，发出多少，库存还有多少，不看账本就能对答如流。

有的人善于识记大量的数字和号码。沈阳部队某部长途电话连的同志，能够像流水一样地再现部队的代号、番号和住址，在两分钟内可以背诵五百多个电话号码。

有的人善于背诵。中国古时记载，一次苏东坡想要考察一下王安石的记忆力，便从书房里随手拿出两本积满灰尘的书，指了某页某段，王安石便一字不漏地背诵出来。

有的人善于记人名。曾负责过罗斯福第一次竞选美国总统事宜的詹姆斯·法利，能够清清楚楚地记起他周游整个美国时所认识的差不多两万人的名字。

不同人的记忆能力和记忆类型上的差别，主要不是先天素质决定的，而是长期生活、实践的结果。为了发展自己的记忆，提高记忆能力，必须同遗忘进行斗争。

遗忘是记忆的对立物，是指对识记过的事物不能回忆。心理学家专门研究了遗忘过程，并描绘出一条遗忘曲线。这条曲线表明，遗忘的进程是不均衡的，在识记后的短时间内遗忘得比较快，而以后逐渐缓慢下来。记忆和遗忘都是有规律可循的。我们把握了它们的规律性，就可以提高记忆

效果，有效地同遗忘进行斗争。

第一，识记要有明确的目标。有一个关于演戏的故事，说的是一名监狱看守交给一个犯人一封信，让他照着念。在历次演出中，犯人念的这封信都是全文写出的。有一次演出，扮看守的演员有意要和扮犯人的演员开个玩笑。他把一张一个字也没写的白纸递给犯人。扮犯人的演员一看便傻了眼，他已经记不起信的原文，于是，瞧了一会儿，诡称光线太暗，说了一声"请代读"，便把"信"又给了看守。扮看守的演员突然遇到杀来的回马枪，也同样背不下信的原文。他急中生智，忙说道："是呀，光线确实太暗了，我得拿眼镜去。"便托辞退下了台。不一会，看守戴眼镜重上，并大声流利地为犯人朗读了那封信。可是这次已不是刚才那片空白纸，而是通常写满字的那封信了。这个故事说明，对于人来说，并不是所有接触过的东西都可以记住。扮犯人和看守的两个人，虽然他们在台上多次读和听信的内容，因为没有记住这封信的意图，所以也就背不出来。心理学的许多实验还表明，不管是长期识记还是短期识记，识记的持久性都依赖于人所确定的识记任务。目标确定为"记到明天"，同确定为"永远地"记住，其效果是不一样的。因此，我们在识记有关材料时，就应当下定决心，给自己的脑神经"下命令"：长期记住它！

第二，识记要有积极的态度。把需要识记的材料作某种分类，分成若干部分，找出他们之间的联系，列成提纲、绘出表格、图表等，都会使识记变得容易。例如，学习外语时，按词义、共同的词根、接近似音等把单词进行分类识记，把新旧单词进行比较，找出它们在词义、发音、字母组合等方面的异同来，这些都可以大大提高识记的效果。为了识记课文，可以把课文按意义分成段落，并确定课文各个部分之间的逻辑联系。即或是记忆一些日期、数字和公式，也不一定完全依靠机械识记，应尽力使之有"意义"化。

第三，调动各种感官一起来识记。这一点在学习外语上表现得尤为突出。学习外语，要在听、说、读、写中掌握和识记生字，利用耳听、眼看、口读、手写，几种感官并用，可取得事半功倍的效果。目前电视英语讲座，多半采取"小表演"的方式进行教学：课堂上，教员做"小表演"；课下，学员组织起来做"小表演"。从心理学的角度来讲，这种方法不仅调动了学习者的各种感觉器官，而且还促进了他们的积极思维。因此，这样的学习效果比单纯讲解和背诵要好得多。

第四，复习是同遗忘进行斗争最有力的手段。遗忘曲线表明，在识记后的最初阶段遗忘得十分迅速，因此复习应当在遗忘还没有开始的时候进行。为了预防遗忘，只粗略的复习就够了。相反，如果要恢复已经遗忘了的东西，那就需要付出很大的劳动。此外，复习应是多种形式的，不能满足于简单地重复。应把已学过的知识进行比较、对照，并对他们加以归类。不然，只是机械地简单重复，就会丧失思维的积极性，减低识记的兴趣。

形形色色的原子模型

19世纪末20世纪初，为探索原子结构，科学家们根据实验事实，建立了形形色色的原子模型。例如，洛仑兹的弹性束缚电子模型、勒纳的动力子模型、汤姆逊的正电原子球模型、长冈半太郎的土星系模型、里茨的磁原子模型，以及卢瑟福的太阳系模型等。特别应该提到的是汤姆逊模型和卢瑟福模型。汤姆逊设想，原子像葡萄干面包：带负电的粒子（葡萄干）嵌在正电粒子构成的没有空隙的球状实体（面包）之中。卢瑟福的模型是，负电粒子像行星绕太阳一样地围绕带正电的占原子质量绝大部分的核旋转。后来盖革的实验证明，原子核和电子之间有空隙，这就是说卢瑟福的模型比较正确。

截至目前，虽然人类尚无能够直接观察原子结构的仪器和设备，但是可以根据实验事实建立各种各样的原子模型。从心理学的角度来说，这些模型都是科学家们创造性想象的结果。那么，什么是想象呢？

想象是人脑对原有的感知形象进行加工改造并且形成新形象的心理过程。人在反映客观事物和现象时，不仅能够重现过去感知过的事物和现象的形象，而且能在过去感知的基础上形成新的形象。正是在这个意义上，又可以把想象视为一种特殊形式的思维活动。汤姆逊就是利用储存在头脑中的葡萄干和面包的形象，创造性地提出正电原子球的想象模型来的。

想象在人认识世界和改造世界的过程中起着十分重要的作用。借助于想象，我们不仅可以回溯过去，展望将来，还可以认识无法直接感知的事物，使人的认识扩展到宏观世界、宏观世界和微观世界。想象是科学发明和文艺创作的重要条件。科学家的假说，设计师的蓝图，作家的构思，工人的技术革新……无一不是想象的结晶。法国作家雨果说得好："莎士比亚的剧作首先是一种想象，然而那正是我们已经指出的、并且为思想家所共知的一种真实，想象就是深度。没有一种心理机能比想象更能自我深化，更能深入对象，它是伟大的潜水者。科学到了最后阶段，就遇上了想象。在圆锥曲线中、在对数中、在概率计算中、在微积分计算中、在声波的计算中、在运用于几何学的代数中，想象都是计算的系数，于是，数学也成了诗。"想象可以使人的认识大大超越时间空间等具体条件的限制，极大地丰富人们的精神世界，提高人们改造客观世界的能力，成为推动人类社会不断前进的精神力量。

想象作为对原有感性形象的加工和改造，是以实践为基础的。不管想象的内容多么新颖奇特，如何超越现实，却都来源于客观现实，为实践所制约。只有在实践活动中积累丰富的事实材料，才能张开想象的翅膀。

想象具有不同的种类。根据是否有目的和意图，可以把想象分为随意想象和不随意想象。随意想象是根据一定的目的，自觉地进行的一种想象。不随意想象是没有特定的目的，不自觉的一种初级想象。例如，夏日里躺在沙滩上，眼望天上的白云，自然而然地把它想象为奇峰、异兽和某国、某省的地图等等。梦是一种不随意想象的极端状态。梦就其属性而言，是在睡眠中所经历的以视觉形象为主的一种连续的想象。

随意想象又可分为再造性想象、创造性想象和幻想。

再造性想象是根据语言的描绘或图形、符号的示意，在头脑中构成相应新形象的过程。例如，看过《高山下的花环》这部小说之后，根据李存葆同志的语言描绘，读者在头脑里就会想象出梁三喜、赵蒙生、"小北京"等有血有肉的形象。学生在学习历史课时，通过再造性想象，可以在头脑里形成无法直接感知的陈胜、吴广起义的生动形象。建筑工人只有根据设计图纸，在头脑里再造出建筑物的立体形象，才能顺利施工。再造性想象依赖于两个条件：一是要正确理解语言、图形、符号所展示的意义；二是要有足够的表象储备。对语言、图形、符号所展示的意义理解得越深，旧的表象储备越多越细，再造性想象的内容也就越丰富、具体和完善。再造性想象是学习和接受前人的知识经验，从事各种实践活动，欣赏文艺，交流经验，相互了解等必不可少的一种心理活动。

创造性想象是根据一定的目的和任务在头脑中创造新形象的过程。前面讲过的形形色色的原子模型，就是创造性想象的产物。创造性想象离不开再造性想象，但又高于再造性想象。创造性想象的基本特点是形象新颖并具有开创性。新思想、新理论、新假说的提出，新产品、新设备、新工具的试制，新小说、新诗歌的创作，都离不开创造性想象。

幻想是一种指向未来的创造性想象。它包括根据自己的愿望，对自己或其他事物的远景的想象。神话、童话故事中的形象，科学幻想中的形象，宗教迷信中的形象等等，都是幻想的产物。根据是否符合客观规律，能否实现，又可以把幻想分为理想和空想。理想是符合客观规律并且能够实现的幻想。理想能够激发人积极向上，向往未来，克服前进道路上的困难。革命理想是与共产主义世界观紧密相连的，是推动人们不断进取的精神力量。空想也叫做梦想，它既不符合客观规律，也不能实现。空想对人的工作和学习是有害无益的。

培养和发展自己的想象力，是自

我修养的一个重要内容。那么，应当怎样培养和发展想象力呢？

（1）努力学习科学知识，积累丰富的实践经验是培养和发展想象力的前提和基础。想象是以大脑的记忆储备为基础的，直接和间接的经验材料储备越多、越细、越丰富，想象力就越能发展，否则将是"无米之炊"。

（2）注意积累和锻炼语言。语言是想象的物质外壳。要培养和发展想象力，就应当有意识地多读、多写、多记，深入观察客观事物，大量阅读有关的书籍，积累词汇，并且学会用生动、形象的语言来描绘人的形象和发生的事件。

（3）要勇于探索。一个人的想象力不仅表现在对当前思考着的问题的形象化构思，更重要的是看他能否依靠丰富的知识和实践经验在思想中塑造出完整的新的形象。也就是说，创造性的想象是更为珍贵的心理品质。要培养和发展创造性想象，就要注意对传统的看法和理论进行批判性的思考，不满足于前人认识的水平，而是要以前人的认识终点为起点，勇于探索和创新。

（4）做一个有理想、有事业心的革命者，不做碌碌无为；想入非非的庸人。一个人的想象力与他思想意识和个性品质有着十分密切的关系。一个有理想、有事业心的人，必定富于想象，善于把平凡的工作同远大的理想联系起来；而那种碌碌无为的人，必定是没有崇高理想，沉醉于个人小家庭的琐事；想入非非的人，则习惯于不着边际的幻想，这些都是消极的个性品质。因此，培养和发展良好的想象力，一定要注意同树立共产主义理想和培养良好的个性品质结合起来。

瞽者窃钱的推断

在我国有这样一个故事，一个瞎子（瞽者）和一个小贩同住在一家旅店。瞎子偷了小贩五千文钱，第二天早晨争吵起来，告到官府。法官立即把他们提到衙门里审讯。法官问小贩："你的钱有什么记号？"小贩说："这是日常使用的东西，哪里有什么记号！"又问瞎子，瞎子说："有记号，我的钱是字对着字，背对着背穿起来的。"一查，果真如此。可是小贩不服，法官又让瞎子把手伸出来，一看两手满是青黑色的铜锈。法官断定，瞎子的钱是他用手摸索了一夜穿成的。于是责罚了瞎子，让小贩把钱拿走。这位法官面对瞎子和小贩的口供和物证，经过了一番思索和判断，最后正确地反映了事物的本质特征，揭示了钱与满手青黑色铜锈的联系。心理学把这种思索和判断的过程叫做思维。思维过程是人的认识活动的高级阶段。思维同感觉、知觉等心理过程一样，都是人对客观事物的反映，所不同的是思维反映现实的事物和对象的本质特征，并揭示事物与现象之间的各种内在联系。

思维具有间接性和概括性。《瞽者窃钱》故事里的法官，并没有亲眼看见瞎子偷钱，没有也很难再做更多的"调查研究"，他是使用间接的方法，借助于钱是字对着字、背对着背地穿起来的，以及瞎子满手是青黑铜锈这些事实，间接地认识了钱是瞎子偷的。换句话说，法官的判决并不是从他的直接感知获得的，而是根据所观察到的事实，作了一番认真的思考，间接地推断出来的。然而，这种间接认识之所以可能，有赖于法官对事物的概括的认识，有赖于他对事物的一般特性的认识。

思维在人的认识活动中起着重要的作用。世界上有许多事物是人的感觉、知觉所无法接近的，但它们对于思维却敞开着大门。人们在看得见、摸得着的东西的基础上，通过思维可以深入到那些看不见、摸不着的东西当中去。因此，思维能够掌握事物的深邃的特性，以及它们之间的相互关系和联系的知识。人们正是借助于思维过程，才得以实现对客观事物、过程等的由此及彼、由表及里、由现象到本质的辩证认识的转化。

思维和语言是紧密相连的。人的思维总是借助于语言材料进行的。换句话说，人主要是用词来思维的。当我们进行思考时，总是要向自己提出问题，拟定种种假设，作出各种推断……这些都需要运用词，并按照一定的语法规则把它们联系起来。没有这样的言语活动，也就没有人的思维。语言是正常人进行思维的工具。斯大林说得好："语言是工具、武器，人们利用它来相互交际、交流思想，达到互相了解。语言是直接与思维联系的，它把人的思维活动的结果，认识活动的成果，用词及由词组成的句子记载下来、巩固起来，这样就使人类社会中思想交流成为可能了。"

思维的基本过程是分析、综合、比较、抽象和概括。

分析是指在头脑中把事物的整体分解为部分或把整体的个别属性、方面、因素分解出来。

综合是指把个别属性、部分、方面、因素结合为某个整体。我们以刚刚开始阅读外文书籍为例，来说明在阅读过程中分析和综合过程是怎样进行的。在第一遍阅读时，并不理解句子的意思。这时分析活动占主导：人们要分出个别的词，通过回忆和查阅字典确定每个词的意思。但即使如此，也仍旧不能理解整个句子的意义。只有在这个分析的基础上，将所有的个别词的意思在脑中结合为一个整体时，这才可能开始理解句子的意义。

比较是指确定被比较的对象的异同点。比较在人的认识活动中起着极其重要的作用。人们认识一切客观事物都是通过比较来实现的。没有比较就没有鉴别。人只有把事物和现象进行比较的时候，才可能正确地认识对象的特点，并进而确定自己活动的方向。

分类是从比较派生出来的，是更为复杂的思维活动。为了给对象分类，必须提出分类的标准，分出每个对象的本质特征，并找出以这些特征为基础的属概念和种概念来。例如，在司法部门，可以按照年龄把罪犯分为青少年犯罪和成人犯罪。根据犯罪事实，又可以把罪犯分为盗窃犯、强抢犯、流氓犯和杀人犯等等。这里罪犯是属概念，青少年、成年，盗窃、强抢、流氓、杀人犯则是种概念。

概括是指通过比较，把事物和现象中一般的东西分出来，并以此为基础，在思想上把它们联合起来。

抽象是把本质的东西同非本质的东西区别开来。前面讲的盗窃犯、强抢犯、流氓犯和杀人犯等，他们之中有一个共同的或叫做一般性的东西，那就是危害社会的行为，依照法律应当受到刑罚和处罚，这就是概括。但是，不管是流氓还是杀人，是盗窃还是强抢，他们之间的差异是次要的，非本质的，而犯罪是他们的本质特征，这就是抽象。

创造性思维是一种非常重要的思维形式。它体现了思维的主动性和能动性。文学艺术家的创作，科学家的发明创造，以及政治活动家的重大决策，都是通过创造性思维实现的。创造性思维，一般分为求异性思维和求同性思维。所谓求异性思维，是指一种解放思想，打破旧框的思维方式。通过求异性思维，可以提出多种新的假设、新的构想，从而有助于创造性地解决问题。

不同的人具有不同的思维特点。心理学把表明这些思维特点的那些品质的总和叫做智慧品质。一个人应当具有什么样的智慧品质呢？国外有的心理学家提出以下几个方面：

（1）求知欲和钻研精神。一个人应当始终致力于从各方面去认识对象，力求弄清早先不知道的重要现象和事实的原因，了解该事实的起因，确定它同其他事物、现象的联系，揭示出引起它的变化的条件。这种人从不满足于旧的、一成不变的评价和解释，以及习以为常的行为方式。

（2）智慧的深度。它表现在善于提出问题，解决问题，揭示现象的本质，确定出不是任意的而是最基本、最重要的联系。不满足于人云亦云，不浅尝辄止。这样的人才是有智慧的、思想深刻的人。

（3）智慧的灵活性。这是指人们善于组织多方面的知识用以解决具体问题。具有这种品质的人善于迅速摆脱早先建立的那些不完全合适的联系，易于形成新的结合。在这种结合中，他把自己熟悉的概念、映象、联系、规律纳入新的关系，用新的、与众不同的观点来考察一个对象，把看来似乎无关重要的事实加以对照，并作出正确的结论。这种智慧的灵活性，也就是平常所说的机智。

（4）逻辑性，就是说人的思维过程应该严格遵守逻辑规定。这些规定要求：概念和判断的自身同一；判断之间的前后一贯，不自相矛盾；在两个相互矛盾的思想之间必须作出明确的抉择，排除中间的可能性；论证过程中的理由与论断之间必须有逻辑联系等。这些逻辑规定是不以人的主观意志为转移的，人们的思维活动不能违反它；如果违反它，思维就产生混乱，就不能认识真理和准确地表达思想。

（5）智慧论证的充足性和批判性。这要求人们引用论据要有逻辑，要首尾一贯，要善于运用知识，并使自己和别人都明白他为什么要这样做而不那样做。思维的这个特点，决定了智力活动的全过程具有合乎理性和令人信服的性质。

上述这些智慧品质，不是从天上掉下来的，也不是从娘胎里带来的，而是在实践活动中学习和锻炼出来的。生产劳动和社会文化活动是发展人的思维和智慧的学校。

瓦特和分离凝结器

众所周知，蒸汽机是英国人瓦特发明的。其实，蒸汽机是一种国际性的发明。早在瓦特之前，就已经有了蒸汽机，只不过是很粗陋，很不完备，效率也很低。只是在瓦特发明了分离凝结器以后，才诞生了现代意义上的蒸汽机。

瓦特发明分离凝结器，有一段十分有意味的故事。

瓦特从二十岁起就在英国格拉斯哥大学里干活，负责修理教学仪器。一天，格拉斯哥大学里的一台纽可门蒸汽机坏了，让瓦特修复。经过反复检查，瓦特发现这种纽可门蒸汽机有着严重的缺点，它的汽筒裸露在外边，四周的冷空气使它的温度逐渐下降，蒸汽放进去，没等汽筒热透，就有相当一部分变成水了，使得大约3/4的蒸汽白白浪费掉。瓦特下决心要解决保持汽筒温度、提高热效率的问题。问题虽然提出来了，可是如何解决呢？瓦特整天思念着、痴想着，去图书馆查阅资料，同别人研究探讨……时间一天天过去，而解决的办法却毫无踪影。

一个夏日的早晨，天气十分晴朗，画眉在树上唱个不停，五颜六色的花草散发着扑鼻的芳香。瓦特起床之后，散步在这空气清新、鸟语花香的格拉斯哥大学的校园里。他迈着缓缓的步伐，在绿茵茵的草坪上踱来踱去，时而仰望广阔的天空，时而俯视平坦的操场……突然，好像电光一闪，头脑中出现了一个思想：如果在汽筒外边加上一个分离凝结器，使汽筒与凝结器分开，不就可以解决热量浪费的问题了吗？瓦特茅塞顿开，立刻跑回工作室，夜以继日地实验，最后终于制成了分离凝结器。

心理学把这种突然地、预想不到的顿悟或理解叫做直觉。直觉属于思维的范畴，它是一种创造性的思维。直觉是对问题的底蕴和解决方法所作出的一种迅速猜测、选择和判断。它不仅以相当丰富的知识和经验为基础，而且要求熟练地运用逻辑推理，以致达到炉火纯青的程度。

直觉是一种比较普遍的心理现象。在科学家完成某项发明、社会活动家作出某项重要决策，以及生产革新者完成某项技术革新的时刻，都会出现直觉。

达尔文在想到进化论的基本概念之后，一天，他正在阅读马尔萨斯的人口论，突然一个想法涌上心来：在生存斗争条件下，有利的变异可能被保存下来，而不利的则被淘汰。达尔文马上把这个想法记下来。关于同一原种繁衍的机体为什么在变异过程中有趋异的倾向这个问题，达尔文是坐在马车里，突然找到答案的。

还有些科学家，他们的某些论断是卧病在床时作出的。华莱士是在发疟疾时想到了进化论中自然选择的观点。爱因斯坦有关时间空间的深奥概括是在病床上想出来的。凯农许多出色的设想，产生于躺在床上睡不着的时候。

直觉有时还出现在睡眠之中。俄国化学家门捷列夫为探求化学元素之间的规律，经过了长期的实践，付出了艰苦的劳动。虽然一切都已经想好了，但就是排不出元素周期表来。他一连三天三夜没有合眼，坐在办公桌旁研究，试图把自己深思熟虑的结构综合制成周期表，但没有成功。由于太疲劳了，就去睡觉。结果梦中看到了周期表，各种元素在表中都按它们应占的位置排好了。门捷列夫醒来，立即写在一张小纸上，后来发现这个周期表只有一处需要修正。美国化学家古德伊尔研究硫化橡胶多年，他的成功来自梦见一个人告诉他试着加上硫磺。瓦纳在一次梦中出现了顿悟，使他建立了配位化学的基础。类似的例子多得很。难怪有人风趣地说："先生们，让我们学做梦吧！""带着要解决的问题去睡大觉吧！"

虽然直觉这种心理现象具有诱人的魅力。但是截至目前人类尚未充分认识它。有关直觉的研究，多半停留在现象的描述上，距离揭示其本质和规律还有很长的路程。关于直觉的生理机制问题，目前大致有三种不同的意见。一种意见认为，人脑从外界接受各种信息之后，有关的区域便进行整理和加工，将前人的理论体系分解成一个个"游离态"的"知识单元"，亦即具有广泛适用性的概念、定理、定律等片断或系统。这些"知识单元"犹如燃料一般被保存在科学家的头脑里，直到某一天，由于一个偶然的机遇，忽然得到了启发，"游离态"的"知识单元"便燃烧起来，原来的经验和情感都突然发亮，那些原本互不相关的事物都向着一个"焦点"上集中、凝聚，产生了新的知识系统，从而获得了新的突破。真可谓"长期积累，偶然得之"。第二种意见认为，由于有的人长时间集中精力研究某一问题而得不到答案，使大脑皮层因疲劳而处于抑制状态，思维活动变得迟缓了。当把思考的问题暂时搁置一边，注意力转到别的方面，使大脑得到适当休息，这时，外界某些极普通的信息，却能够使大脑处于新的兴奋状态，思维活动显得格外敏捷，随之而来的便是恍然大悟。与此相反，第三种意见认为，直觉产生于头脑的下意识活动，这时大脑也许已经不再自觉注意这个问题了，然而还在通过下意识活动思考它。

人的一生有五分之一的时间是在做梦

当大家看到这一节的标题时，可能会有不同反应。有的认可能赞同标题的这种说法，因为他正在为夜里做梦而感到苦恼；有的人或许怀疑人的一生真的有五分之一的时间要花在做梦上，如果真是这样的话，那实在太可惜；还有的人可能根本反对标题的这种说法，其根据是他自己从不做梦。其实，对于做梦，不必苦恼，也不值得吝惜。世界上没有不做梦的人。有的人说自己从不做梦，只不过是起床后记不起来而已。

国外有关的最新研究表明，人的一生大约有三分之一的时间是睡眠，有五分之一的时间是在做梦。

一个人一生中不知要做多少梦。有的梦十分生动，有的含混不清，有的惊险奇特，有的荒唐可笑。尽管梦是一种极为平常的现象，可是由于梦中常常出现离奇古怪的情景，因而引起人们的兴趣或使人感到迷惑。许多世纪以来，人们并不了解梦的本质和它的生理机制，因而对梦作了种种超自然的、神秘的解释。说什么梦是神的启示，是离体灵魂的漫游，是未来的预言，愿望的满足，死去亲人的会晤……一句话，人们给梦涂上了一层浓重的迷信色彩。在国外，很早以前就有人根据梦可以预示未来的理论编撰了一部有关梦的书籍。这本书被译成多种文字并多次再版。目前也仍被人们广泛地查阅着。

现代科学已经证明，梦是一种入睡后出现的心理现象。正常的梦不但不影响人的睡眠，而且还是维持人的正常心理活动所必需的。人的睡眠一般分为普通睡眠和快速眼动睡眠。普通睡眠伴随脑电波波幅加大和频率降低。快速眼动睡眠时脑电波呈现低压高频活动，同时伴有心跳加快，呼吸急促和血压升高等现象，与激动时的状态十分相似。快速眼动睡眠，又称为低压高频睡眠，低肌张力睡眠，反常睡眠。成人的快速眼动睡眠一般持续 10～30 分钟，一夜可以发生 3～4 次。这种快速眼动睡眠和普通睡眠交替出现，其周期为 90～100 分钟。快速眼动睡眠占人的睡眠的 20%～25%。快速眼动睡眠的长短和多少，是随人的年龄的增长而递减的。与成人不同，初生婴儿的快速眼动睡眠在全部睡眠中占优势。

快速眼动睡眠是做梦的一个标志。如果在快速眼动期末尾，马上唤醒睡眠者，他可以滔滔不绝地讲述所梦见的人和事。如果剥夺一个人的快速眼动睡眠，就是说每当出现快速眼动时就唤醒他的话，那就不仅会出现长期的睡眠不足和要求补偿的现象，而且还会直接影响记忆。这一事实充分说明，快速眼动睡眠（亦即做梦）是人的生理和心理的需要。过去人们总以为做梦会影响大脑的休息。其实，并非如此，从半睡眠状态到做梦阶段，对于恢复大脑细胞，对于产生用于积累、整理、储存来自外界和机体的信息的蛋白质是极其重要的阶段。此外，做梦还有助于维护人的心理平衡，通过做梦可以消除不愉快，甚至人类的一些伟大发现竟是在梦中获得的。可见为做梦而苦恼是不必要的，吝惜做梦所花掉的时间也是多余的。

1968 年，比利时的一位女医生根据"脑电图快波"和"眼球快速转动"这两项入梦的基本标志，对一万名孕妇进行实验，通过引出 12 个电极的电流发现，在母亲做梦的同时，已经八个多月的胎儿也随着母亲进入梦乡。身体一动不动，而眼珠却迅速转动，证明胎儿也有快速眼动睡眠和做梦的本领。

更为有趣的是，有的研究还依据上述基本标志，推测出动物是否做梦。研究发现，越是高级的哺乳动物，做梦越多越复杂。猫、狗、猴都会做梦，其中以猴最善梦。鸟类的脑电图也有微量快波曲线，并且伴有快速眼动期，这说明鸟也是有梦境的。青蛙、龟等没有快波和快速眼动期，所以基本上是不做梦的。当然，与人相比，动物的梦境的完整性和长度是有本质区别的。

梦是高级动物自我调节的一种非常重要的生理和心理活动。有的科学家推测，快波睡眠和梦可以去除脑中琐细无用的信息或者防止夜间不用脑而丧失效能。

睡眠对人来讲是必不可少的。从某种意义上来说，睡眠比吃饭更重要。有的生理实验已经证明，如果不让狗吃东西，它还能活一个月左右，如果不让它睡觉，10～12 天就要死亡。人也是一样，人处在非常的情况下不吃东西可以活一个月或更长一点的时间，但不睡觉只能活 10～15 天。

睡眠是人体借以维持正常生命活动的自然休息。睡眠能使大脑皮层的细胞免于衰竭和破坏，使神经组织在觉醒时的消耗得到恢复和补充。

一个人要使自己能够快速入睡并且睡得宁静，睡前最好不从事繁重的脑力劳动（如写作，激烈的争辩）。如果必须从事这类活动的话，那么，活动之后到室外散散步，或听听音乐，浏览一下书报再上床睡觉更为适宜。此外，还应当使被褥舒适、柔软、温暖，室温适宜，空气流通，没有特殊气味，环境安静，光线暗。睡眠的姿势也很重要。最好是侧卧，腿和臂半屈，这样大部分肌肉都处于放松状态。当然，也不必整夜都保持这个姿势。睡眠中姿势是自动改变的，因此不必太受拘束。

睡眠在医学临床上还是一种医疗手段。早在 18 世纪，就有人应用催眠方法来治疗精神疾患。目前，催眠疗法在精神病科被广泛地应用着。催眠疗法可以促使肌肉松弛，从而为行为疗法准备了条件；消除癔病性症状；重现被抑制的记忆等。临床实践已经证明，催眠疗法对治疗癔病性转换症状（如失音和瘫痪）疗效最好。此外，借眠疗法也用于治疗由精神因素所引起的某些躯体疾病，如慢性哮喘、偏头痛和痉挛性结肠等。

观看一场扣人心弦的球赛

1981 年 11 月 16 日，中日两国女排在日本大阪争夺第三届世界杯女子排球赛冠军。守在荧光屏前收看比赛实况的亿万中国观众，无不为我国女排以七战七捷全胜的成绩，第一次夺得世界冠军而欢欣鼓舞，欣喜若狂！从比赛一开始，观众的心就被攥得紧紧的。因为这是争夺本届桂冠的最后一战。人们屏息注视着每一个球的得失，当中国队先拿下两局，从而已实际上取得了世界杯冠军时，观众才长出了一口气。但是，第三、第四两局又被日本队扳回。这时，观众的心又重新提起。决胜局第五局的比赛，更是高潮迭起，扣人心弦。双方比分交替上升，一直打到十三平、十五平……场上队员的每一次扣杀和拦网，都牵动着亿万观众的心。比赛中观众的情绪自始至终异常紧张，以致手脚出汗、脉搏加快、血压升高……当中国队两次拦网成功，终于以十七比十五拿下这最后一局时，观众抑制不住内心的喜悦，狂呼跳跃，热泪夺眶而出……

观众的这种内心的紧张、激动、喜悦、兴奋，就是心理学上所说的一种情绪和情感。

人在认识客观事物和现象的时候，总带有一定的态度，或喜欢或讨厌，或崇敬或鄙视。观看一场扣人心弦的体育比赛会使人感到喜悦和兴奋；失去亲人则会带来悲伤和痛苦，面对敌人的挑衅会产生压抑不住的愤怒；遭到危急时则往往会出现紧张或恐惧，等等。这种具有某种独特色彩的体验，是以人的不同态度为转移的。心理学把人们对客观事物和对自己的态度反映叫做情绪和情感。

情绪和情感这两个概念，并无本质不同。情绪是较弱的情感，情感是较强的情绪。情感比较持久、稳定；情绪比较短暂、易变。情绪是情感体验的一种形式。情绪带有较多的冲动性，并有明显的外部表现，如前面讲的振臂高呼、欣喜若狂，以及心跳加快，血压升高，等等。情感则不同，它很少有冲动性和外部表现，如道德感、理智感、美感等等。

情感在人的实践活动中起着巨大的作用。积极的情感可以使人焕发出惊人的力量去克服困难。而否定的情感则会大大妨碍工作的完成。列宁曾指出："没有'人的感情'，就从来没有也不可能有人对于真理的追求。"人们的认识活动和改造客观世界的实践活动，都是在一定的感情推动下进行和完成的。共产党人的革命行动，总是同强烈的情感紧密联系在一起的。在革命战争的年代里，正是这种感情推动着共产党人去从事艰苦的战斗，赴汤蹈火，在所不辞。在今天，也正是这种强烈的情感，推动我们投身于改革，进行现代化建设，百折不挠，勇往直前。

情绪和情感的动力"发条"是需要。情绪是人在吃、穿、住、性生活和睡眠等方面的需要能否得到满足的情况下产生的。人和动物都有情绪，但人的情绪是受理智控制的。正常人不会贪婪地吃喝和纵欲。他们在满足吃、穿、住、性生活等方面的需要时，总是要考虑到方式、方法和现实的可能。这是人同动物的一个重要区别。

情绪总伴有一定的机体变化。前面已经讲到，当情绪激动时，人体生理上会发生一系列的变化。这种变化是可以测量出来的，甚至是肉眼能够直接观察到的。如，人在发怒时，呼吸快而短促，心跳加速，血压升高，血糖增加，血液含氧量增加，在突然震惊时，会出现暂时的呼吸中断。在面部表情和姿态上也有一系列变化。如，哭泣时，眼部肌肉收缩；悲哀时，眼、嘴下垂，愤怒时，眼、嘴张

大，毛发竖起；盛怒时，胸部挺起，横眉怒目，拳头紧握；困窘或羞愧时，面红耳赤。除此之外，情绪还伴有内分泌方面的变化：焦虑、忧郁时，胃肠蠕动和消化液的分泌会受到抑制；盛怒时，食欲锐减，在激烈、紧张的情绪中，肾上腺素分泌增加，使机体处于应激状态。应当指出，人的心理是相当复杂的，因此不能简单地根据一个人的表情动作就来判断一个人的情绪体验。即或是青少年也是如此。随着年龄的增长，人的体验越来越丰富、越细腻，其表现形式也就越复杂、越独特。人和动物不同，人能够灵活地、有意识地控制自己的情绪体验及其表现。人有时可以把难为情、慌张装成富有激情和喜悦的样子；把不愉悦隐藏起来，装成一副镇静的姿态。

道德感是根据社会道德行为准则去评价别人和自己的言行所产生的情感。同情、反感、眷恋、疏远、尊敬、轻视、愤怒、嫉妒、羡慕、感激、爱、憎、背信弃义等都属于道德感。此外，还有由世界观决定的同志感、友谊感、爱国主义感、集体主义感，也属于道德感的范畴。道德感是在人的社会实践中发生发展的，并受社会历史条件的制约。不同的历史时期和不同的阶级，有着不同的道德标准，因而也就有着不同的道德感。一个人的信念、理想、世界观在道德感中起着决定作用。

理智感是在智力活动过程中所产

生的体验。好奇心、求知欲、对真理的热爱和追求，对偏见和谬误的鄙视，以及幽默感和讽刺，都属于理智感的范畴。理智感是人们在认识世界和改造世界的过程中发展起来的，反过来它又促进和推动了人们的认识和改造世界的实践活动。

美感是人的审美需要是否得到满足的一种情感。美好的东西使人赏心悦目，愿意观赏和迷恋；皎洁的月色、蔚蓝的大海、优美的诗词、动人的音乐、栩栩如生的绘画，总之，一切自然界的美或者艺术美，总是叫人迷恋，难以忘怀。精神上美好的东西，也能引起美感，如一个人为救落水儿童而牺牲了自己的生命，我们常常说："这是道德上最美好的人。"

道德感、理智感、美感都是在社会实践和教育的影响下形成和发展的，三者虽各有特点，但密切结合，互相渗透，是融为一体的。

狗皮帽子和心理负担

在解放战争中，我军打天津时有过这样一个故事。

1948 年秋冬，我东北野战军先是解放了锦州，截断了国民党军队陆上的退路，接着围困长春的敌军，逼迫他们起义投降；同时，歼灭了向辽西增援的廖耀湘兵团；最后扫荡了沈阳和营口两地的残敌，解放了全东北，取得了辽沈战役的伟大胜利。这场大围歼战对于解放战争具有决定性的意

义。整个战役共消灭国民党军队 33 个正规师，10 个非正规师，共 43 万人。此后，解放战争的形势便发生了根本的变化。我军不仅在数量上占了优势，而且士气十分高涨，越战越强。相反，敌军元气大挫，有如惊弓之鸟，精神十分恐慌，一九四八年十二月初，我东北野战军乘胜进关南下，同华北野战军两个兵团联合发动了平津战役，很快就把敌军割裂和包围于北平、天津等地。当时，入关的部队来不及换装，他们头戴狗皮帽子，身着粗布棉袄，直插天津。固守天津的国民党军队士气十分低落，见到打天津的部队个个头戴狗皮帽子，便知这是我东北野战军的入关部队，因而更加恐惧、怯战，精神极度紧张，甚至变得神经质起来。

小小的狗皮帽子，所以能给敌军以如此沉重的心理负担，助长其自卑感，使之难以保持正常的心理状态，就是因为这种狗皮帽子的装束是英勇善战的我东北野战军的标志，所以使敌军闻风丧胆。

有关心理因素在战争中的作用和地位问题，是军事心理学研究的一个重要课题。

运用战术心理手段，在我国具有悠久的历史。早在两千多年前的战国时代，军事理论家孙武就提出了"知彼知己，百战不殆。不知彼而知己，一胜一负，不知彼，不知己，每战必殆"。这不但是关于认识论的一条重要原则，而且也是一条具有普遍意义

的心理战术指导原则。

近年来人们发现的《三十六计》，是一部内容极为丰富的心理战术的兵书。在中国革命战争的伟大实践中，毛泽东同志是成功地运用心理战术的光辉典范。毛泽东同志善于灵活、巧妙地示形，真真假假，虚虚实实，叫敌人乖乖地听从我们的调遣。例如，红军在第三次反"围剿"斗争中，当敌人以九倍于我的兵力，从四面奔杀过来时，毛泽东同志"示之以虚形"，指挥我十二军拉长距离，有红旗的展红旗，没有红旗的展示各种花色包布，佯装主力向北突围。蒋介石通过空中侦察，果然入我圈套，指挥其全部"围剿"部队向我十二军逼近，而我主力则趁机金蝉脱壳，与逼近之敌相向对行，擦肩而过，跳到外线，抓住战机迅速歼灭了敌军四十七师和五十四师，赢得了这次反"围剿"斗争的胜利。与此相反，有时毛泽东同志还"示之以真形"。如红军"四渡赤水"之后，为了将滇军调出云南，让开我北上的通道，毛泽东同志率领红军佯攻贵阳，并到处张贴"攻下贵阳城，活捉蒋介石"的标语。当红军直逼贵阳城下，袭击了贵阳机场时，正在贵阳督战的蒋介石竟信以为真，吓破了胆。他一面叫宋美龄烧毁文件，一面电令龙云亲率滇军日夜兼程奔赴贵阳保驾。这样滇军被调走了，云南的大门不战自开。红军在贵阳虚晃一枪后，趁机挥戈北上，又与滇军相向对进，擦肩而过，终于摆脱了十几万

敌人的围追堵截。

范进和"蘑菇"

清代吴敬梓的长篇小说《儒林外史》中有范进中举一节。官迷心窍的范进一心想金榜题名，升官发财。他从二十岁应考，一共考了二十多次，直到五十四岁"花白胡须"时才捞了个秀才。这年听恩师说他的文章"火候"已到，就邀了一班同窗朋友进城赶考。没想到"龙头属老成"，居然高中举人。范进不看报帖则已，看了之后，大笑一声，竟不省人事了。醒来以后，披头散发，胡窜乱跑，嘴里不时地念叨："噫！好了！我中了！"——他疯了。正当人们对范进束手无策时，他的老丈人胡屠户找到集上，"凶神似地"上前狠狠地打了他一记耳光。范进被打晕了，经邻居"抹胸捶背"，"渐渐喘息过来"，眼睛明亮了，也不疯了。

国外也有类似的报道：一个癔病患者，打开伞举在头上，称自己变成了"蘑菇"，整天蹲在角落里，不吃、不喝、不动。一位有经验的精神病科大夫也打着一把伞，一声不响地蹲在病人的身边。过了一会，病人问："你是谁?"医生说："我是蘑菇。"又过了一会，医生站了起来收了伞。病人忙问："蘑菇能站起来吗?"医生回答说："怎么不能，我不是站起来了吗！"于是病人也收了伞，站了起来。医生去喝水，病人也去喝水；医生不

停地做着日常活动，病人也跟着学。几天之后，病人完全正常了，忘记自己曾经是蘑菇了。

上面这两段故事，可以算得上心理治疗的精彩描述了。

心理治疗也叫做精神治疗，同化学药物治疗和物理治疗不同，它是通过影响病人的心理活动，来提高治疗疾病效果的一种方法。

心理治疗的手段是言语，就是说不动刀，不吃药，通过一番谈话，便可起到治疗的作用。在医生同病人交往和接触的过程中，医生通过他的言语来影响病人的心理活动。有时还要借助于表情、姿势、态度和行为来影响病人的心理。心理治疗的落脚点是影响和改变病人的感受、认识、情绪和行为，有助于病人大脑神经系统机能的恢复，使病人的精神和身体状况得到改善，从而达到治疗的目的。

早在远古时代，人类就了解到医生的话能够治病。俗话说"听君一席话，胜服数年药"。根据文献记载，利用言语治病，可以溯源到很久远的年代。我国古代、古希腊、古埃及的医生都把言语作为治病的工具。这种心理疗法可算是人类与疾病作斗争最古老的一个方法了。后来，随着阶级和宗教的产生，反动统治阶级为了维护自己的统治，也总是千方百计地利用言语这种奇妙的作用。一些人自称是上帝在人间的代理人。他们总是通过一定的仪式、祈祷，来利用"上帝的话"；而星相家、巫师、僧人、术士则更是巧妙地利用了言语这种"神秘"的作用来大做文章。在科学发达的今天，从事心理治疗的医生则科学地运用言语的这种奇妙的作用同疾病作斗争。

为什么心理治疗能够缓解或解除某些疾病呢？我们知道人是一个统一的生命体。用系统论的理论来说，人是一个大的系统。这个系统不只是由化学的、生理的、神经的因素所决定，而且也是由精神的、情绪的和社会的因素所决定。这两个方面，有着互相联系、互相作用的辩证关系。人体生化、生物的改变，可以引起心理和精神上的改变。例如，肝脏有病的人，往往火气大、爱发脾气。反过来也一样，人的心理和精神上的变化，也可以引起人体生理、生化的改变。祖国医学讲"内伤七情"：怒伤肝、忧伤肺、恐伤肾……一句话，情绪是致病的一个重要原因。情绪可以影响人体健康，这是众人皆知的常识。有的研究报告表明，有百分之二的人是在骤变中发生疾病的；因亲属丧失（特别是配偶）而死亡的比率比正常病死的高七倍；情绪失常可以加剧癌变；忧愁、急躁容易得高血压……总而言之，心理因素，特别是情绪，与人体的疾病有着极为密切的关系。

心理治疗之所以能够缓解或解除某些疾病，其中介就是人的情绪。简单地说，心理治疗就是影响或改变人的情绪，然后再通过情绪影响和改变一些躯体的状态。正因为如此，所以心理治疗在很大程度上都是围绕着情绪开展工作的。

脑瓜的大小与天才

在日常生活中，常常可以听到这样一些说法："这个孩子的头可真大，生下来就很聪明"、"脑瓜大的孩子都聪明"、"天才人物都是大脑瓜"、"大脑瓜的孩子，将来一定能成为天才"……这些议论对不对呢？从心理学上来说，这些说法实质是讲素质和能力的关系问题。

能力是一种个性心理特征，它直接影响人的活动效率，使人的活动得以顺利完成。

心理学把能力分为基本能力和专门能力。基本能力是指在许多活动中表现出来的能力，如观察力、记忆力、注意力、思考力、想象力，以及抽象概括的能力，等等，也就是我们通常所说的智力。专门能力是指表现在某些专业活动中的能力，如节奏感，对于比例关系的准确估计，以及数学能力、飞行能力等。专门能力同基本能力是有机联系着的。基本能力越发展，就越为专门能力的发展创造更好的内部条件。反过来，专门能力的发展，在一定条件下又会影响基本能力的发展。

素质是能力发展的自然前提。所谓素质，是指一个人出生的时候，从父母那儿带来的一些生理解剖方面的特点。这些特点既表现在内外感觉器官和运动器官方面，也表现在神经系统和脑的特点方面。一个人离开了素质这个物质基础，就谈不上能力的发展。很难想象，一个生来就双目失明的人，能发展绘画方面的能力。早期聋哑人，很难发展音乐能力。严重的脑损伤或脑发育不全，自然要直接影响智力的发展。

然而素质本身并不就是能力，它只为能力的形成和发展提供了前提和基础。即使是在某些素质方面存在着一定的差别，也未必就一定影响能力的发展。前面已经讲过，成人的脑重一般在1400克左右。一些才能高度发展了的人的脑重的确远远超过了这个数字。如俄国著名作家屠格涅夫的脑重为2012克；但另一些才能高度发展了的人，却远远低于这个平均数。如著名的法国作家安东尼·法朗士的脑重只有1017克。大科学家刻卜勒是个仅怀胎七个月的流产儿，从小多病，天花把他弄成麻子，猩红热毁坏了他的视力，但他却发现了行星运动的三大规律。牛顿生下来只有1.5千克，奄奄一息，谁会想到后来他竟成了17世纪最大的科学家。爱因斯坦身体各方面的发展都比较晚，直到四岁才会讲话，但他后来却成了最伟大的科学家、思想家和哲学家。由此可见，不能过分夸大素质在能力的形成和发展中的作用。

1955年，76岁的爱因斯坦逝世了。一个由美国第一流的脑外科专家组成的班子，对爱因斯坦的大脑进行了解剖。结果发现，这位被誉为天才之中的天才、王冠上的明珠的人的大脑，从表面皮层的容积、结构和化学成分来看，都和普通人一样。

上述这些事实说明，即使一个人在素质方面存在着某种缺陷，也还可以借助于机能的补偿作用，扬长避短，使相应的能力得到发展。一个生来就瞎的人，他的触觉和运动觉一般都能发展到比较高的水平。他的听觉和空间定位能力也比较强。这样一来，就在一定程度上弥补了他的视觉缺陷。相反，一个人即或有了好的素质，但由于后天的环境和教育不利，主观努力不够，相应的能力也不可能得到较好的发展。应当抛弃那种以为能力是宿命的，是由某种不变的先天素质决定的错误观念。素质平庸，只要坚韧不拔，自强不息，也可以使能力高度发展。前苏联英雄奥斯特洛夫斯基说得好："只有懒汉不能成为天才。"脑瓜长得小的人，不必气馁；长得大的人如果吃脑量重的"老本"，不努力，不勤奋，浑浑噩噩也必将一事无成。

能力是在实践活动中形成和发展起来的，它直接影响活动的效率，并使活动的任务得以顺利完成。

能力还是存在于具体活动之中。例如，一个画家的视觉分析器不仅对于线条感、比例、形态、明暗、色彩、调和等具有高度的敏感性，而且手的感觉运动品质和形象记忆也得到了高度发展。一个作曲家的能力则表现在具有强烈的节奏感和曲调感。

能力发展和表现的最高水平称为天才，亦即一个人高度发展了的才能。例如，求出世界上第一个最精密的圆周率的我国古代科学家祖冲之，创制地动仪的科学家张衡，勇于开辟科学新道路的意大利物理学家和天文学家伽利略，在人类科学史上建立了不朽功勋的爱因斯坦，以及德国古典哲学家康德、黑格尔，德国诗人、剧作家和思想家歌德，奥地利作曲家莫扎特，我国的伟大作家曹雪芹、鲁迅，等等，都是天才人物。他们在科学研究、生产或文学艺术等方面，为全人类创造出具有巨大社会意义的伟大成果。

心理测试题目

留下良好第一印象的要诀

一旦第一印象良好，即使以后犯下些许的错，也很容易被想成"一定是哪里搞错了"而得到谅解。相反地，第一印象欠佳，要抹去恶劣的形象就很困难了。

那么，该注意哪些地方，才能使对方留下良好的第一印象呢？请试举五项你觉得必须注意的要点。

（　　　）（　　　）（　　　）
（　　　）（　　　）

【解答】

理由只要充足，都可以作为本题的答案（①～⑤是解答范例）。在思考过程中，脑海内浮现出三个以上答案者，表示你平时便十分注意人际关系的应对，而且也常给人良好的第一印象。

①个性明朗——人都有所谓"模仿"的心理。对象沉默不语，另一方也必然惜字如金。这么一来，就不能给人留下好感。

而当你向对方微笑时，对方也必然回报一张粲然的笑脸。容易与人做朋友的人，通常是一位懂得笑的高手，很少闷闷不乐。能够说话轻快、表情明朗，自然会增进个人的魅力。

②设法使自己看起来很干净——不洁而令人害怕，绝对使别人对他的印象大打折扣，可以说，它是令人留下最坏的第一印象的类型。即使女性穿再好的衣服，一旦鼻端污黑、牙齿黄垢点点，也很难被人接受。特别是自己很难察觉，对方却经常可以看见的部位，尤其要做到整洁、卫生。

③考虑味道、香气的效果——在与人交往的过程中，味道是本人没注意到，对方却可以轻易感受到的东西，因为，本人对自己的味道感觉较为迟钝。因此，对于袜子的味道、口腔的味道和体臭等味道，必须要格外注意、小心。

④脸部表情和肢体动作的变化——人的脸部表情和肢体动作当中，潜藏着给人负面印象的影响因素。譬如，手抚触嘴唇、双手环抱、愁眉苦脸、吐出舌头、舌头发出响声等肢体动作，都会让对方对你做出负面评价，因此，尽量不要在人前做出这些举动。另外，坐姿和走姿也必须加以留意。

⑤开放自己，先向别人伸出友谊之手——有时，不妨先从"我是×××，请多指教"，"早安，你好"等问

候语做自我介绍的方式做起。然后，设身处地，站在对方的立场替他着想。"取悦对方"是你应该首先考虑的重点。

被征询意见时

你的朋友穿着一件新西装出现在你面前。可是，你怎么看都觉得太过花俏，与他很不协调。当他向你征求意见时，你会采取什么行动？

A. 无论如何，配合对方心情而赞美他。

B. 独自吃吃地笑。因为不知该如何作答。

C. 实话实说。虽然大家都说谄媚的话，但是你却觉得有违良心。

D. 考虑对方穿这件衣服的心情，再委婉地表达自己的意见。

【解答】在这项测验中，请你试着选出自己的答案。这四个答案，可看出你对人的基本态度。而从回答中更能浮现出你的人际关系特征。

A 类型——简单地以"赞美"对方为思考中心，是凡事不违逆他人的典型。虽然对方被赞美，却无法真正感同身受。表面上，似乎人际关系顺畅，其实不然。

B 类型——所谓的"内向型"。由于太过消极，人际关系难以展开。而且，态度经常畏缩胆怯，大多无法与人融洽相处。

C 类型——向对象实话实说，一旦对方心悦诚服，很容易博得别人的

好感和信赖。可是，有时这种积极诚实的作风，也会引起相当程度的反感。

D 类型——在别人眼中是非常客观、冷静的类型。不过，有时太撇清立场，反而会伤害对方的感情。这类型的人，将自我世界和他人世界截然划分，互不干涉。

四个答案的类型，在人际关系上都各有正面和负面。而这些正面和负面，或许会在人际关系起冲突时表现出来。了解个中原委，你就可以截长补短，成为通达这方面的人了。

你喜欢哪一种动物

你喜欢那一种动物？

以下四种动物，你最喜欢的是那一种？

A. 狗

B. 猫

C. 鸟

D. 马

【解答】

喜欢狗的人，一般来讲有宽宏大量、社交性强。

只偏属于自己的狗的人，奴颜婢膝、善奉承者多。外表虽温静，但内藏虐待癖。幸灾乐祸，喜欢把自己的快乐建筑在人家的不幸之上。

喜爱小狗的人，懦怯，虽内心里渴望爱情而不愿孤单，但不能相信人家。

爱好大狗者，跋扈，有当独裁者的愿望。

偏爱调皮捣蛋顽皮狗的人，莫非欲借狗的恶作剧来抵消自己的缺点，博得人家信赖。

喜欢纯血品种的狗，通常相信威权、渴求安定与保障。

喜欢杂种狗的，本质上是内心热情如火的人。

喜欢猫的人，为人谨慎、深思熟虑。是形式上的完美主义者。但往往有相反方向的表现，譬如爱孤独，同时喜欢社交聚会场所，一方面宽大为怀，另一方面，却鄙夷人家的善意劝告。直觉的判断力强，能猜透别人心理。但因吝于率直表露自己，故较会"假仙"。

爱情方面，心里虽想得要死，却羞于开口，无法积极采取攻势。

爱鸟的人，纤细而重精神生活。所以易受第一印象及先入为主观念所左右。为人乐观、快活而宽大。偶尔喜欢在孤独中沉思冥想。

选择鸽子或雉的人，表示做事百折不挠、相当有韧性。

偏爱鹦鹉或猫头鹰的，是有幽默感的人，面对难事亦会勇往直前，绝不退缩。

爱好马的人，自我意识强，而虚荣心旺盛。富野心、重规律和秩序。勇气凌驾他人，有挑战恐惧、克服恐惧的倾向。这类型的人，易沦为俗物，非自我节制不可。

说话表情流露性格

说话时的动作因人而异，有无数种差别。有人喜欢用手摸鼻子，或者频频用手势强调，甚至抖着腿和人交谈……从这些习惯中，可以测出一个人潜藏的性格。

那么，你是否也想知道自己的说话方式，是属于下面的（1）～（2）中的哪一项呢？

（1）夹杂手势说话的人。

（2）靠着桌子说话的人。

（3）边摸头或边玩头发边说话的人。

（4）常用手摸鼻子或嘴巴说话的人。

（5）抱着胳膊或手插口袋说话的人。

（6）谈话中高声大笑的人。

（7）眼睛瞪着人说话的人。

（8）自己说话自己点头的人。

解答对方流露出来的习惯、动物，经常意外地诉说着本身的性格。你可以从本文所归纳的结论，轻易地掌握住这类型人物的独特性格和品性。

（1）夹杂手势说话的人：

若是男性，多少有些骄傲自恃。一旦别人持相反意见，便容易生气。女性喜欢用手势表达，意味着她个性活泼，喜欢照顾别人。

（2）靠着桌子说话的人：

这样子的人，往往热衷于某件事

情。如果心里有烦恼或事情，有时会胡乱涂鸦借以整理心理。这种人大多个性保守，不会马上投入新的事物。不过，交往朋友有时易走偏锋。

（3）边摸头或边玩头发边说话的人：

性情随和、体贴别人的人。这类型的人大多个性正直，不会占人便宜或做坏事，可以说是正义之友。不过，要小心与人发生口角。

（4）常用手摸鼻子或嘴巴说话的人：

不分男女，基本上都是个性内向的人。即使是面对喜欢的人，也不敢清楚表白自己的心情，性情消极。有些地方则显得害羞胆怯。

（5）抱着胳膊或手插口袋说话的人：

这类型的人，对自己非常有自信。至于对别人则好恶非常明显；喜欢的人热心相待，讨厌的人一句话都嫌多。因此，交朋友容易走偏锋。此外，有些行为则显得装腔作势。

（6）说话中高声大笑的人：

爽朗有朝气，具有十足的社交能力。但是，有时这种笑声并不是发自内心，而是刻意讨好。其实，内心格外狭窄，不见容于他人。

（7）眼睛瞪着人说话的人：

在神经质又气度窄小的人身上，常可以看到这样的表情。另外，他不够沉稳的行为，同时也显示他缺乏耐力，做任何事容易半途而废。

（8）自己说话自己点头的人：

对自己的能力或现在的作法，具有相当的自信，相对来说，也是个顽强固执狂。虽然做事总是一鼓作气、积极任事，但是很难采纳别人的意见。

此外，不光是颔首点头而已，频频对自己的话自言自语叫好或称赞的人，也大致属于这类型的。

从色彩窥伺心灵的颜色

依色彩喜好度做性格测验，目前在世界各地可谓风行不衰，极为流行。第一位以心理学方式持续研究这项测验的卢休指出，颜色的嗜好显示出其人对异性的态度和日常生活的形态。换句话说，对于色彩的喜恶，可以反映出一个人心中潜藏的愿望。

A. 绿色；B. 茶色；C. 紫色；D. 蓝色；E. 红色；F. 橘色；G. 白色；H. 黄色

这八种颜色，请你依序选出"讨厌"的颜色。

【解答】你选择了哪种颜色？最后选出的第八种颜色，是了解你的性格和现在心理状态的关键。但是有一点必须注意的是，不要与喜好的服装颜色相混。请你直接选出感觉最深刻的色彩作答。

最后选择绿色的人：

绿色是"红"与"蓝"的中间色。挑选绿色的人在性格上也居于两者之间。既有行动力，同时又能沉静思考，拥有截然不同的两种特质。也就是兼具优雅与知性，喜好寂静又谨慎保守。行事不会逾越己分，非常明白自我的立场。由于性情冷静，无论面对任何事都能冷静处理，而且绝不感情用事，所以深受别人信赖。对于别人的请托，总是欣然接受。

最后选择茶色的人：

茶色是深沉而朴素的颜色。喜欢这个颜色的人，服装嗜好也偏爱不华丽但富有韵味的款式。正因为这种倾向，你很在乎事物内层的精神性表现，所以很能了解人世间的寂寥、孤寂。虽然你的存在并非引人注目，但是内在却是有良好的潜质。由于诚实又富责任感，很容易被别人接纳。但是，有时太过孜孜不倦，而显得有些不知变通。此外，对于容易明白的事物，偶尔会用力过度，做无谓的深刻思考。

最后选择紫色的人：

紫色，是红和蓝两个性格极端的颜色混合而成，因此，这个颜色充满着神秘不可理解的复杂情调。喜欢这个颜色的人，可以说是艺术家类型的人，内心强烈渴求世人肯定你的才能，有时则显得太过虚荣，装饰过度。面对知心朋友，不妨坦率以待，但是由于平时内向又性情不定，旁人很难理解你真正的想法。此外，有时你也会大发雷霆、生气，但是绝不至于歇斯底里。

最后选择蓝色的人：

蓝色是天空和海洋的颜色，正巧和红色所具有的形象相反，它象征冷静和浪漫。一看到蓝色，就令你心情安定沉静，同时提高想象力。喜好蓝色的女性，大多具有女性化的善良和丰沛的感受性。神经纤细，容易感伤，对人也十分敏感。一个人独处时，常无法忍受那种孤寂。经常渴求恋爱的对象，而且也希望为温暖的爱所包围。是与其爱人而宁愿被爱的典型。个性朴实，容易得到他人的好感。

最后选择红色的人：

红色是代表精力和行动力的颜色，而红色的食物或饮料也通常具有提神醒脑的功能。喜欢红色的人，个性积极，充满斗志。而且意志坚强不轻易屈服，凡事依照自己的计划行事，一旦无法实行便觉不顺心。如果完全不依原先所预期，人有猛烈反弹的举动。尽管如此，碰到多少困难，都不能轻易打倒这个精力充沛的人。

最后选择橘色的人：

橘色是不太讨好的颜色，特别是不受女性欢迎。可是，喜好橘色的人却具有出众的社交性格，可以与任何人融洽相处。这种人最适合从事推销员、空服员、旅馆服务员的工作。经常笑脸迎人、先向人打招呼问好。喜欢与人相处，不喜欢独处。

喜欢上别人时，通常以朋友的身份爱慕对方，而不会以大胆的热情示人。另外，这种人非常喜欢新鲜事物或是稀奇古径的东西，对人生拥有永不熄灭的趣味。

最后选择白色的人：

白色象征单纯，代表神、理想。偏爱白色的人大多不会将自己的感情清楚流露在外。看待事物不会只取外表的光华运璨，会进一步探索内在的本质。你的存在绝不是光芒万丈，因为你本身便不爱好表现，其实你拥有不少突出的优点。你的个性实在，做事努力认真，责任感强，所以深受他人信赖。

最后选择黄色的人：

与黄金、金属相结合的黄色，是理论性思考事物的"理智之色"。看到黄色，便容易提高自制力和注意力。喜好黄色的人，大多属于理论家类型。虽然才能出众，却容易恃才傲物。由于自尊心强，又对自己的能力极具信心，因此，经常希望得到别人的肯定和赞赏。尽管如此，有时又能温顺服从，表现出合作的个性。从此观之，毫无疑问地黄色的爱好者是一位真正生命力强盛的人。

拿杯子看个性

从一个人手拿装满水的玻璃杯的方式或动作，大多可以发现一些，掌握他的性格或是现在的心理状态的线索。当然，持杯方式因人而异，有时甚至当天的心情或状况，都会左右持杯者的方式，改变日常的动作。

所谓"持杯方式展现个性"，大致可以将性格做以下的分类。你的持杯方式，会是下面哪一种呢？

A. 手握玻璃杯的上端。

B. 牢牢地握住玻璃杯的中央。

C. 手握玻璃杯的极下端。

D. 经常用双手捧取。

E. 喝水时摇动玻璃杯。

F. 边拿玻璃杯，边抽烟。

解答对上班族来说，和上司或客户吃饭敬酒的场面，并不是新鲜的事。如果本身又是从事业务方面的工作，机会更是多不胜多。在觥筹交错的时刻，如果稍微留心对方持杯的方式，就可以收集到以下极有价值的识人情报。

手握玻璃杯的上端——手持玻璃杯极上端的人，是个性爽直的乐天派，行事大而化之，不为小节所困。喜欢大口喝酒、大声说话。当时的心情极为愉快，没有任何心理负担。

牢牢地握住玻璃杯的中央——安全主义型，适应力强，待人态度和善，是有求必应的老好人。常在不知不觉中配合对方，做事细心，不容易出错。

手握玻璃杯的极下端——手持玻璃杯极下端的人，纤细精巧，容易注意到极微小而为人忽略的地方。基本上，这类型的人个性内向，十分在意别人的看法。用这种方式拿杯子，如果小指头直竖不触碰杯面，则表示持杯者相当神经质。一般来说，这种人喜怒无常，会把自己的情绪表现在脸上或动作上。由于本身具有艺术品位、大多有一副金头脑，善于出点子、企划事物，只不过有时心里不痛快也容易闹别扭。

经常用双手捧取——用右手举杯，放下玻璃杯时，习惯用双手捧取的人，个性孤僻，独来独往。虽然有时也想打破孤寂，与人打交道，闹成一片，却往往无法完全融入。和人站一起时，也不喜欢触碰对方的身体。可是，对异性却有强烈的好奇心。

喝水时摇动玻璃杯——摇动玻璃杯让它发现响声的人，目前正因手头进行的工作无法顺利处理，而心情烦闷沉郁。这类型的人，对任何事物都有兴趣，充满探究的好奇心。他没办法长久坐在一张椅子上，总是喜欢到处走来走去，一刻不得闲。

边拿玻璃杯，边抽烟——手上已持有一只杯子，另一手又拿烟抽，或拿别的东西的人，对于自己的工作、才能有绝对的自信。这种人从事适合自我个性的工作，大多能伸展实力，获得成功。但是在交友方面，则容易走偏锋。

老师的花样，你知道吗

都说讲课的姿势因人而异各有特征。当他愈是讲得起劲，愈能凸显他的特征。如果你上课很无聊，不如分个神，注意一下他的动作，替他做个趣味的心理诊断：

（1）扼腕侃侃而谈。

（2）夸大的比手画脚。

（3）喜欢抱一大堆书。

（4）穿新衣服时会脸红不自在。

（5）时时留意领襟或袖口。

（6）时时手摸头发或鼻子。

（7）频频发出："我是……"，"假如是我……"

（8）一直站在讲台上不走动。

（9）不断环视每一个学生。

（10）准时下课，分秒不差。

【解答】

（1）有自信，但跋扈。你称赞他的服装，令他感激滋零。

（2）好好先生，有时会"散散"。很会照顾学生，尤其会善待女生。

（3）富幽默感，但不容许学生开玩笑。是易受感动的性情中人。

（4）心无城府，孩子气，喜欢跟学生一起玩。但做起事来，不彻底做完绝不罢休。

（5）神经质。上课时爱东张西望，爱讲话的学生要小心。

（6）很怕寂寞，对人设想周到，下课后喜欢跟学生话家常。

（7）乍看之下很温厚，其实很顽固。好话说不动他；喜欢诚实的学生。

（8）脑筋敏锐，学识素养皆佳，但对自己外貌有自卑感。

（9）一本正经，绝不纵容。一登上他的黑名单，保证吃不完兜着走。

（10）重视游戏规则，一切循规蹈矩，毫不马虎。对学生之脱线行为，绝不宽贷。

肚子饿了，想吃点什么

能否冒昧问你，你肚子饿了没？

想吃点什么？

不要东想西挑，请你说出你一想就想到的东西：

（1）汉堡（2）牛肉面（3）咖喱饭（4）烧肉（5）阳春面（6）火锅（7）鳗鱼饭（8）牛排（9）三明治（10）寿司

【解答】有美食元祖之称的18世纪法国贵族萨巴兰，在他的《味觉的科学》一书中说："看他喜欢吃什么，就知道他的性格。"让我们推理一下。

（1）人际融合力强，善于社交，明朗快活，率直而乐于助人，但对自己的事，有时稍嫌疏忽。

（2）精力强与社交性，不拘小节，行动先于思虑，但不做荒唐事。性温和，少树敌，但有热得快冷得也快的倾向。

（3）柔顺，适应性强。在人际关系上，虽遭排斥，也能隐忍，故不致受伤害。不善于提出自己的主张。

（4）充满好奇心，坐不暖席，以追求新刺激为最大乐趣。基本上任性、情绪起伏大。爱吃刺激性和强精补身的食物。

（5）有一套自己的原则与喜好，不委屈妥协。外表文静柔顺，其实坚持己意，一以贯之的执拗性强。

（6）对新奇事物特具兴趣，学习与追求的欲望亦强。但对一般事物有所固执，常被别人认为有个性的人。

（7）最讨厌做事拖泥带水，喜欢有话直说。有活力与企图心。虽常树敌，但在工作与人际关系，成功概率高。

（8）活力充沛，有旺盛的好奇心，讨厌平淡与凡庸，渴望有惊人之举。交友广，但对人的爱憎也分明。

（9）敏感，易烦躁，常为一丁点小事整夜不得安眠。信心不足，所以虽有禀赋与才能，亦难手发挥。

（10）理智而稳健，不做大是大非的冒险，重视现状的安定性。能敬重别人，所以也获得别人的信赖。

《灰姑娘》的启示

回味一下《灰姑娘》的童话故事。

在下列场景中，你对哪一幕印象及感动最深？

记住，只能选一题。

A. 仙女施展魔力，使灰姑娘的褴褛变成焕然耀眼新衣。

B. 灰姑娘乘坐南瓜马车奔往王宫。

C. 在舞会中，灰姑娘与帅俊王子婆娑起舞。

D. 王子部下拿来玻璃鞋子，灰姑娘一脚穿上去刚好合适。

【解答】A，你有改变意愿。对流行、装饰、轿车、装潢等外在事物的汰旧换新不遗余力，且不惜花大钱。以后或会债台高筑而不得翻身。为撤开这危险因子，该及早改掉重视表象的观念，并养成工作计划性，则可逢凶化吉。

B，对人际关系的积极性是你的

长处，还有开朗、率直。但易怒和权力欲是你的缺点。所以你的危险因子是冲突。为避免滋事，应该不妄信权力，并在动肝火之前，稍静下心听听对方的说词，对你有利无害。

C，你对身体语言很敏感，所以很在意自己的表情、姿势及举止动作。亦即说你爱现，爱出风头，你的危险因子是表现欲过强。在别人眼里你是傲慢骄纵。如要自我改善，除多注意自己举止外，还要多留意对人的态度和待人方法。

D，你极思增进跟别人的沟通，不断锻炼沟通技术。因此在跟异性的交往上，易造成"自作多情"或"无心插柳柳成荫"的结果。所以你的危险因子是异性。为避免无谓的误导和误解，最好是拿捏分寸、公私公明。

你的人际关系如何

请你仔细阅读以下 16 个问题。每一个问题后面，各有 A、B、C 三种答案，请你按照自己的真实情况任选其一。

（1）在人际关系中，我的信条是：

A. 大多数人是友善的，可与之为友；

B. 人群中有一半是狡诈的，一半是善良的，我将选择善良者而交友；

C. 大多数人是狡诈虚伪的，不可与之为友。

（2）最近我新交了一批朋友，这是：

A. 因为我需要他们；

B. 因为他们喜欢我；

C. 因为我发现他们很有意思，令人感兴趣。

（3）外出旅行时，我总是：

A. 很容易交上新朋友；

B. 喜欢一个人独处；

C. 想交朋友，但有感到很困难。

（4）我已经约定要去看望一位朋友，但因为太累而失约了。在这种情况下，我感到：

A. 这是无所谓的，对方肯定会谅解我；

B. 有些不安，但又总是在自我安慰；

C. 很想了解对方是否对自己有不满意的情绪。

（5）我结交朋友的时间通常是：

A. 数年之后；

B. 不一定，合得来的朋友能长久相处；

C. 时间不久，经常更换。

（6）一位朋友告诉我一件有趣的个人私事，我是：

A. 尽量为其保密，不对任何人讲；

B. 根本没有考虑过要继续扩大宣传此事；

C. 当朋友刚一离去，随即与他人议论此事。

（7）当我遇到困难时，我：

A. 通常是靠朋友解决的；

B. 要找自己可信赖的朋友商

量办；

C. 不到万不得已，绝不求人。

（8）当朋友遇到困难时，我觉得：

A. 他们大都喜欢来找我帮忙；

B. 只有那些与我密切的朋友才来找我商量；

C. 一般都不愿意来麻烦我。

（9）我交朋友的一般途径是：

A. 经过熟人的介绍；

B. 在各种社交场所；

C. 必须经过相当长的时间，并且还相当艰难。

（10）我认为选择朋友的最重要的品质是：

A. 具有能吸引我的才华；

B. 可以信赖；

C. 对方对我感兴趣。

（11）我给人们的印象是：

A. 经常会引人发笑；

B. 经常在启发人们去思考问题；

C. 和我相处时别人会感到舒服。

（12）在晚会上，如果有人提议让我表演或唱歌时，我会：

A. 婉言谢绝；

B. 欣然接受；

C. 直截了当地拒绝。

（13）对于朋友的优缺点，我喜欢：

A. 诚心诚意地当面赞扬他的优点；

B. 会诚实地对他提出批评意见；

C. 既不奉承，也不批评。

（14）我所结交的朋友：

A. 只能是那些与我的利益密切相关的人；

B. 通常能和任何人相处；

C. 有时愿与同自己相投的人和睦相处。

（15）如果朋友们和我开玩笑（恶作剧），我总是：

A. 和大家一起笑；

B. 很生气并有所表示；

C. 有时高兴，有时生气，依自己当时的情绪和情况而定。

（16）当别人依赖我的时候，我是这样想的：

A. 我不在乎，但我自己却喜欢独立于朋友之中；

B. 这很好，我喜欢别人依赖于我；

C. 要小心点！我愿意对一些事物的稳妥可靠持冷静、清醒的态度。

各题的记分标准如下：

（1）A. 3；B. 2；C. 1。

（2）A. 1；B. 2；C. 3。

（3）A. 3；B. 2；C. 1。

（4）A. 1；B. 3；C. 2。

（5）A. 3；B. 2；C. 1。

（6）A. 2；B. 3；C. 1。

（7）A. 1；B. 2；C. 3。

（8）A. 3；B. 2；C. 1。

（9）A. 2；B. 3；C. 1。

（10）A. 3；B. 2；C. 1。

（11）A. 2；B. 1；C. 3。

（12）A. 2；B. 3；C. 1。

（13）A. 3；B. 1；C. 2。

（14）A. 1；B. 3；C. 2。

(15) A. 3；B. 1；C. 2。

(16) A. 2；B. 3；C. 1。

根据你所选定的答案，找出相应的分数，将 16 个题的得分数累加起来。这个总分数值大致可以评定你的人际关系是否融洽。如果你的总分在 38～48，说明你的人际关系是很融洽的，在广泛的交往中你是很受众人喜欢的，如果你的总分在 28～37，说明你的人际关系并不稳定，有相当数量的人不喜欢你，如果你想受人爱戴，还得作很大的努力。如果你的总分在 16～27，说明你的人际关系是不融洽的，你的交往圈子确实是太小了，很有必要扩大你的交往范围。

你是乐观主义者吗

为了回答这个问题，捷克斯洛伐克杂志 KETN 刚推出一组测试题，请你从中找出最适合你的答案：

(1) 健康

A. 健康状况经常引起你的忧虑和惊慌。

B. 健康与否有时给你添麻烦；

C. 认为你的健康完全正常。

(2) 食欲

A. 经常抱怨没有食欲；

B. 虽有食欲，但饮食上挑剔没完；

C. 喜欢吃东西，但不盲目。

(3) 外表

A. 完全不满意自己的外表；

B. 因外表不如希望的那么诱人而伤心；

C. 认为就自己的年龄而言，外表看来十分不错。

(4) 生活风格

A. 习惯怀疑地看待周围环境，对待别人的热情冷嘲热讽；

B. 基本满意自己的生活，但有时遇事爱发牢骚；

C. 准备就像现在这样生活下去。

(5) 心情

A. 周围有许多人常常惹怒你；

B. 日常繁忙的事务往往使你伤脑筋；

C. 很难使你心绪不宁。

(6) 精力

A. 喜欢过度紧张；

B. 缺少勇气去从事每一件事；

C. 工作稳定顺利，新的东西吓不倒你。

(7) 怎样作出决定

A. 总是力图避免单独作出决定；

B. 有时犹豫不决；

C. 仔细斟酌，但不拖延。

答 A 得 2 分，答 B 得 1 分，答 C 不得分。

12 分或更多：你不乐观，以致将周围的世界看成漆黑一片。你的悲观主义影响你的健康，并使你和亲人、朋友们的关系变得复杂。

6～11 分：你不是唠叨者，没有疑心病，但你做事缺少决心和信心。应多和人们交往，不要与外界隔绝。

5 分或更少：你是生趣盎然的人，不会因寻常的争吵而陷入苦闷。乐观主义有助你克服不和，人们也容易和你相处。但你要注意，过分的乐观有时会妨碍你作出正确的决定。所以在评价自己时，必须保持头脑清醒。

你需要心理治疗吗

与大多数人一样，在你的生活中会出现这样或那样的情绪波动。在这些波动中，有些是不可避免的，像遇到婚、丧、喜、庆、工作的不顺利等；但当有些情绪问题已经长时间地影响你的正常生活、学习、工作时，则应考虑做心理治疗。另外，不同年龄段的人也会遇到不同的心理问题，老年人的更年期反应、青年人的青春期综合征、中年人因工作和学习生活的紧张所引起的普遍应激反应，当这种种心理压力影响了你的正常工作、学习、生活时，你是否会问自己，我的心理是否存在问题，需要治疗？那么，你应该怎样来决定哪一些情绪是需要进行心理治疗的呢？

下面 20 个问题是美国精神心理学家奥士和贝林朗博士研究编制的，供你参考。

（1）碰到如工作会晤或陌生人众多的集会这样的场合，你会担心对自己不利吗？

A. 始终或大部分时间

B. 经常

C. 偶然 ＊

D. 很少或从未有过 ＊

（2）别人要求你做某些不愿做的事，如帮助朋友照顾小孩或加班工作等，你会果断回绝吗？

A. 始终或大部分时间

B. 经常

C. 偶然

D. 很少或从未有过 ＊

（3）如你因某件事（譬如你爱人因故回家晚了）发了脾气，事后想想是不是后悔，感到发那么大火实在不值得？

A. 始终或大部分时间

B. 经常 ＊

C. 偶然

D. 很少或从未有过

（4）你和朋友相聚时，你提出的建议，譬如去饭店会餐或去看电影，朋友们都能听从吗？

A. 始终或大部分时间

B. 经常 ＊

C. 偶然

D. 很少或从未有过

（5）你碰到一件事，譬如买一件新衣服或如何消磨星期天；总是犹豫不决吗？

A. 始终或大部分时间

B. 经常

C. 偶然 ＊

D. 很少或从未有过

（6）把你带到集体活动中去，你会迟疑吗？如在聚会时你是不是会感到孤独？

A. 始终或大部分时间

B. 经常

C. 偶然

D. 很少或从未有过 *

（7）你是不是每次都要得到别人的允许或鼓励，才动手做如日常事务或在家烧饭之类的事情？

A. 始终或大部分时间

B. 经常 *

C. 偶然 *

D. 很少或从未有过

（8）别人欺骗捉弄你时，如用打击你来抬高他自己，你会不愉快吗？

A. 始终或大部分时间 *

B. 经常

C. 偶然

D. 很少或从未有过

（9）你对自己的亲属感到满意吗？

A. 始终或大部分时间

B. 经常 *

C. 偶然 *

D. 很少或从未有过

（10）参加工作会晤或集会之前，你要喝一点酒或服一点镇静剂来增强信心吗？

A. 始终或大部分时间

B. 经常 *

C. 偶然 *

D. 很少或从未有过 *

（11）你为自己一些难以控制的嗜好，譬如抽烟、暴食而操心吗？

A. 始终或大部分时间

B. 经常

C. 偶然 *

D. 很少或从未有过 *

（12）如在腾空而起或身处偏窄之处时，你会感到无法控制自己或失去自由而恐惧吗？

A. 始终或大部分时间

B. 经常

C. 偶然 *

D. 很少或从未有过

（13）你每次离家，是否总要转回去看看门锁上了吧、炉火灭了吧？

A. 始终或大部分时间

B. 经常

C. 偶然 *

D. 很少或从未有过

（14）你和爱人的性生活常常不很协调吗？

A. 始终或大部分时间

B. 经常

C. 偶然 *

D. 很少或从未有过

（15）你有失眠或早醒的情况吗？

A. 始终或大部分时间

B. 经常

C. 偶然 *

D. 很少或从未有过

（16）近来你的体重下降了吗？

A. 始终或大部分时间 *

B. 经常 *

C. 偶然

D. 很少或从未有过

（17）你是不是非常关心你自己和你可能接触的东西的干净或肮脏？

A. 始终或大部分时间

B. 经常

C. 偶然 *

D. 很少或从未有过

（18）你是不是认为前途渺茫或曾想自伤甚至自杀？

A. 始终或大部分时间

B. 经常

C. 偶然 *

D. 很少或从未有过 *

（19）其他人未意识到的事物，你看到、听到或感觉到过吗？

A. 始终或大部分时间

B. 经常

C. 偶然

D. 很少或从未有过 *

（20）你觉得自己有超人的力量或别人用超人的力量来对付你吗？

A. 始终或大部分时间

B. 经常

C. 偶然

D. 很少或从未有过 *

这20道题的答案无所谓正确与错误，不过适应性强的人，通常是作有 * 记号的回答。

1～10题是评价你的情感和自信如何，如果你的许多回答与有 * 记号的不同，那只是说明你的感情有些问题，或者说你自己不是很自信，如果你想改变某些情绪或行为，也许心理治疗会对你有帮助。

11～14题是涉及经常伴随情绪问题而产生的行为，如果你的许多回答与所列的项目不同，那么最好找一位专家对你进行指导。

15～20题是涉及你的行为方式，这可能是严重情绪问题的早期重要信号，如果你回答的某些或许多问题与

有 * 记号的不一致，那你应该马上找专家，如果需要治疗只要你不拖延，还会比较容易好转的。

你的处事能力

下面每一个问题设计了一种具体的社会生活情景，并且列出了4个备择方案。请你设身处地地考虑一下，如果你面临这情景，你的表现将与哪一个方案更符合，请把它前面的字母代号圈出来。

（1）在聚餐会上，如果你与多数同桌的人素不相识，你怎么办？

A. 显得心神不定，左顾右盼；

B. 静听别人的谈话；

C. 只与相识的人高谈阔论；

D. 神态自如地参与大家的谈论。

（2）觉得自己与协同工作的人在性格和想法方面合不来时，你怎么办？

A. 委曲求全，尽量凑合下去；

B. 故意找事由，与他吵架，迫使领导解决；

C. 向领导汇报他的短处，要求领导调离他；

D. 尽量谅解，实在不行，则向领导如实说明，等候机会解决。

（3）在公共汽车上，你无意踩了别人一脚，别人对你骂个不停，你怎么办？

A. 只当没听见，任他去骂；

B. 与他对骂，不惜大吵一架；

C. 推说别人挤了自己才踩到他

的，不应该怪罪自己；

D. 请他原谅，同时提醒他骂人是不文明的。

（4）在影剧院看电影时，你的邻座旁若无人的讲话，使你感到讨厌，你怎么办？

A. 希望别人能出面向他们提意见或他们自己停止；

B. 严厉地指责他们；

C. 叫服务员来制止他们；

D. 有礼貌地请他们别讲话。

（5）你辛苦地干完了工作，自以为干得很不错，不料领导很不满意，你怎么办？

A. 不作声地听领导埋怨，但心中十分委曲；

B. 拂袖而去，认为自己不应受埋怨；

C. 解释说明客观条件限制，自己无法做得更好；

D. 注意自己做得不够的地方，以便今后改正。

（6）你买了一架崭新的照相机，自己还未用过，但有朋友向你借，你怎么办？

A. 借给他，但是满腹牢骚；

B. 脸色很难看，使得朋友不得不改口；

C. 骗他说已经借给别人了；

D. 告诉他自己要试拍一下，检查了照相机的性能后，再借给他。

（7）当你正在埋头干一件急事，一位朋友找上门来找你倾诉苦恼，你怎么办？

A. 放下手中工作，耐心倾听；

B. 很不耐烦，流露出不想听的神态；

C. 似听非听，脑子里还在想自己的事情；

D. 向他解释，同他另约时间。

（8）在你知道了别人的一些隐私之后，你怎么办？

A. 觉得好奇，但尽量不去传给其他人听；

B. 忍不住，会很快告诉其他人；

C. 当其他人谈起的时候，也会附和着一起谈；

D. 根本没有想要让其他人也都知道。

（9）星期天，你忙了一整天，把房间全部打扫干净，你的爱人下班回家后，却指责你没及时烧晚饭，你怎么办？

A. 心里很气，但仍勉强地去烧饭；

B. 发脾气，骂爱人自私，要爱人自己去烧饭；

C. 气得当晚不吃饭；

D. 向爱人解释，然后邀请爱人一起出去吃饭。

（10）当你搬到一个新的住处，周围邻居都不认识，显得较冷淡，你怎么办？

A. 尽量避免与邻居交往；

B. 故意显出自己是很强硬的，让人家有种敬畏感；

C. 视邻居以后对自己的态度再行事；

D. 主动与邻居打招呼，表现出友好的姿态。

（11）如果有人经常要麻烦你做一些事，你却很忙，你怎么办？

A. 尽量避免他；

B. 告诉他很忙，不要再来麻烦了；

C. 敷衍他；

D. 尽自己能力帮助，有困难时则向他说明情况。

（12）一位朋友向你借了几元钱，但后来没还，好像不记得这回事了，你怎么办？

A. 今后再也不借给他；

B. 提醒他曾借过钱；

C. 向他借同等数额的钱，作为抵消；

D. 就当没这回事。

（13）在餐馆里你买了一份饭菜，但发现味道太咸，你怎么办？

A. 向同桌人发牢骚；

B. 粗鲁地责骂厨师无能；

C. 默默地吃下去；

D. 平静地问服务员，能否变淡些，如不能，则吃下去。

（14）一位热情的售货员为了使你买到满意东西，向你介绍了所有东西，但你都不满意，你怎么办？

A. 买一件你并不想买的东西；

B. 说这些商品质量不好，是卖不掉的商品；

C. 向他道歉，说是朋友托买的东西，一定要朋友满意的才能买；

D. 说一声"谢谢"，然后离去。

计分与评价：

统计你所圈各个字母的次数，找出自己选择次数最多的字母代号。

如果你选择答案 A 的次数最多，说明你的处世态度过于消极，凡事与世无争，实际上心中并不一定服气，对任何有争论性的事，你都不愿意表态，希望他人作决定或承担责任。当人们了解你的时候，也许会同情你，但以后又会产生反感。

如果你选择答案 B 的次数最多，说明你的处世能力较差，不善于待人接物，往往属于好斗型，遇不顺心的事容易暴跳如雷，甚至粗鲁地骂人。表面看来，你颇能占上风，其实得不到他人对你的尊重，结果是使人们憎恶你或害怕和疏远你。

如果你选择答案 C 的次数最多，说明你具有一定的处世所需要的克制能力，能把怨气或不满情绪隐藏起来，比前面两种人更善于处理人与人之间的关系，只是有时为人不够真诚坦率，结果是使人们感到你表现得比较虚伪或不能完全理解你。

如果你选择答案 D 的次数最多，说明你有积极而理智的处世态度，遇事表现出较强的克制能力，尊重他人，对人诚恳坦率，不喜欢虚假和装模作样，结果是人们尊重你，愿意和你交往，建立友情关系。

你是怎样的人

一对情侣正乘坐吊缆车游玩。当

缆车走到中途高空，女的好像突然大声向男的说话。

你认为她向他说什么？请从以下五项，选出你肯定的一项。

A."今天让我们在那家白色旅店过夜。"

B."哇！你看，那滩湖水多美！"

C."呀！我好怕，快救我。"

D."糟了，速度怎么慢下来，是不是发生什么事？"

E."我肚子好饿，还是先来吃点什么。"

【解答】

A，朝着目标勇往直前的人。

有旺盛的企图心，不想依赖他人，不畏艰困、败而不馁，有坚持到底的毅力。因为严于律己，博得周围的信赖，尤为部属及后辈所敬仰。

B，我行我素的人。

深谙中庸之道、缓急得当，既能配合群体，又能慢慢伸展自己实力。慢工出细活型，表面上虽不善交际，但无形中大家都成为你的朋友。

C，特立独行的人。

缺乏恒心与坚持，常因小挫折或不如意，就半途而废。交友不必勉强，选择亦师亦友、志同道合的伙伴互助合作，当可发挥潜力，迈向目标。

D，踌躇不前的人。

虽有企图心，总是举棋不定。考虑过多，再三踌躇，致使自陷迷津，无法发挥自己才能。该鼓起勇气，身体力行，才能把路子打开。

E，任性善变的人。

常因一时兴起或冲动而改变方向。恒以一己的情绪为处事准则。所以有兴致时，表现得有声有色，否则就草草了事。看似成熟却不成熟，所以难于自强自立。到头来还得依赖他人才能成事。